Utilize este código QR para se cadastrar de forma mais rápida:

Ou, se preferir, entre em:
www.moderna.com.br/ac/livroportal
e siga as instruções para ter acesso aos conteúdos exclusivos do
Portal e Livro Digital

CÓDIGO DE ACESSO:
A 00406 BUPPORT1E 1 17582

Faça apenas um cadastro. Ele será válido para:

 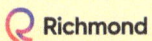 

Da semente ao livro,
sustentabilidade por todo o caminho

Plantar florestas
A madeira que serve de matéria-prima para nosso papel vem de plantio renovável, ou seja, não é fruto de desmatamento. Essa prática gera milhares de empregos para agricultores e ajuda a recuperar áreas ambientais degradadas.

Fabricar papel e imprimir livros
Toda a cadeia produtiva do papel, desde a produção de celulose até a encadernação do livro, é certificada, cumprindo padrões internacionais de processamento sustentável e boas práticas ambientais.

Criar conteúdos
Os profissionais envolvidos na elaboração de nossas soluções educacionais buscam uma educação para a vida pautada por curadoria editorial, diversidade de olhares e responsabilidade socioambiental.

Construir projetos de vida
Oferecer uma solução educacional Moderna é um ato de comprometimento com o futuro das novas gerações, possibilitando uma relação de parceria entre escolas e famílias na missão de educar!

  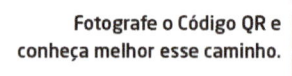 

Apoio: TWO SIDES — www.twosides.org.br

Fotografe o Código QR e conheça melhor esse caminho.
Saiba mais em *moderna.com.br/sustentavel*

Organizadora: Editora Moderna

Obra coletiva concebida, desenvolvida e produzida pela Editora Moderna.

Editora Executiva:
Marisa Martins Sanchez

Acompanham este livro:
- **Caderno do Leitor**
- **2 varais das letras**
- **Envelope com material cartonado e adesivos**

NOME: ....

....TURMA: ....

ESCOLA: ....

....

1ª edição

Editora Moderna © 2018

Elaboração dos originais

Miriam Louise Sequerra
Graduada em Psicologia pela Universidade de São Paulo. Coordenadora Pedagógica do Ensino Fundamental em escolas particulares.

Marisa Martins Sanchez
Licenciada em Letras pelas Faculdades São Judas Tadeu. Professora de Português em escolas públicas e particulares de São Paulo, por 11 anos. Editora.

Claudia Padovani
Licenciada em Letras pela Universidade de São Paulo. Editora.

Christina Binato
Licenciada em Letras pela Universidade Mackenzie. Editora.

Jogo de apresentação das 7 atitudes para a vida
Gustavo Barreto
Formado em Direito pela Pontifícia Universidade Católica (SP). Pós-graduado em Direito Civil pela mesma instituição. Autor dos jogos de tabuleiro (*boardgames*) para o público infantojuvenil: Aero, Tinco, Dark City e Curupaco.

Coordenação editorial: Marisa Martins Sanchez
Edição de texto: Christina Binato
Assistência editorial: Magda Reis
Consultoria pedagógica: Elvira Souza Lima
Pesquisa de textos: Luciana Saito
Gerência de *design* e produção gráfica: Everson de Paula
Coordenação de produção: Patricia Costa
Suporte administrativo editorial: Maria de Lourdes Rodrigues
Coordenação de *design* e projetos visuais: Marta Cerqueira Leite
Projeto gráfico: Daniel Messias, Daniela Sato, Mariza de Souza Porto
Capa: Daniel Messias, Otávio dos Santos, Mariza de Souza Porto, Cristiane Calegaro
    Ilustração: Raul Aguiar
Coordenação de arte: Wilson Gazzoni Agostinho
Edição de arte: Daiane Alves Ramos, Regiane Santana
Editoração eletrônica: MRS Editorial
Coordenação de revisão: Elaine C. del Nero
Revisão: Ana Paula Felippe, Leandra Trindade, Nancy H. Dias, Renato Bacci, Renato da Rocha Carlos, Salete Brentan
Coordenação de pesquisa iconográfica: Luciano Baneza Gabarron
Pesquisa iconográfica: Mariana Veloso
Coordenação de *bureau*: Rubens M. Rodrigues
Tratamento de imagens: Denise Feitoza Maciel, Joel Aparecido, Luiz Carlos Costa, Marina M. Buzzinaro
Pré-impressão: Alexandre Petreca, Denise Feitoza Maciel, Everton L. de Oliveira, Marcio H. Kamoto, Vitória Sousa
Coordenação de produção industrial: Wendell Monteiro
Impressão e acabamento: Rona Editora
    Lote: 768571
    Cod: 12113117

Dados Internacionais de Catalogação na Publicação (CIP)
(Câmara Brasileira do Livro, SP, Brasil)

Buriti plus português / organizadora Editora Moderna ; obra coletiva concebida, desenvolvida e produzida pela Editora Moderna. — 1. ed. — São Paulo : Moderna, 2018 (Projeto Buriti).

Obra em 5 v. para alunos do 1º ao 5º ano.

1. Português (Ensino fundamental)

18-16393   CDD-372.6

Índices para catálogo sistemático:

1. Português : Ensino fundamental 372.6

Maria Alice Ferreira - Bibliotecária - CRB-8/7964

ISBN 978-85-16-11311-7 (LA)
ISBN 978-85-16-11312-4 (GR)

Reprodução proibida. Art. 184 do Código Penal e Lei 9.610 de 19 de fevereiro de 1998.
Todos os direitos reservados
EDITORA MODERNA LTDA.
Rua Padre Adelino, 758 – Belenzinho
São Paulo – SP – Brasil – CEP 03303-904
Vendas e Atendimento: Tel. (0_ _11) 2602-5510
Fax (0_ _11) 2790-1501
www.moderna.com.br
2022
Impresso no Brasil

1   3   5   7   9   10   8   6   4   2

VOCÊ GOSTA DE ESTUDAR? GOSTA DE APRENDER? E DE SE DIVERTIR, VOCÊ GOSTA?

ENTÃO, PREPARE-SE! NESTE ANO VOCÊ VAI FAZER TUDO ISSO!

ALÉM DOS TEXTOS E DAS ATIVIDADES, O LIVRO TEM MUITOS JOGOS E BRINCADEIRAS.

EXPLORE O SEU LIVRO DE PORTUGUÊS:

VEJA NAS PÁGINAS 6 E 7 COMO ELE ESTÁ ORGANIZADO E, NAS PÁGINAS 8 E 9, OS ASSUNTOS QUE SERÃO ESTUDADOS.

SEU LIVRO VAI APRESENTAR TAMBÉM ALGUMAS ATITUDES QUE VÃO AJUDAR VOCÊ A CONVIVER MELHOR COM AS PESSOAS E A SOLUCIONAR PROBLEMAS.

7 ATITUDES PARA A VIDA

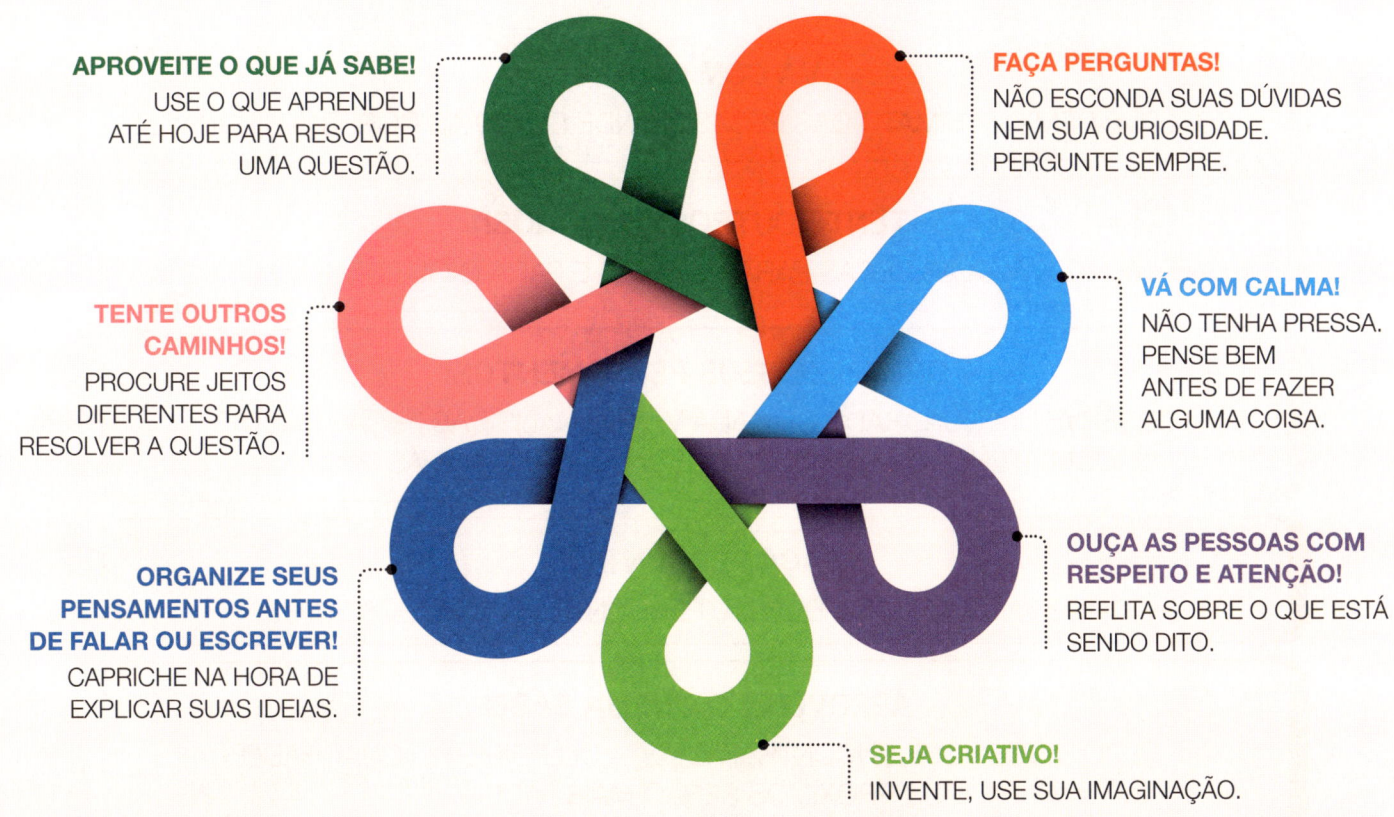

APROVEITE O QUE JÁ SABE!
USE O QUE APRENDEU ATÉ HOJE PARA RESOLVER UMA QUESTÃO.

FAÇA PERGUNTAS!
NÃO ESCONDA SUAS DÚVIDAS NEM SUA CURIOSIDADE. PERGUNTE SEMPRE.

TENTE OUTROS CAMINHOS!
PROCURE JEITOS DIFERENTES PARA RESOLVER A QUESTÃO.

VÁ COM CALMA!
NÃO TENHA PRESSA. PENSE BEM ANTES DE FAZER ALGUMA COISA.

ORGANIZE SEUS PENSAMENTOS ANTES DE FALAR OU ESCREVER!
CAPRICHE NA HORA DE EXPLICAR SUAS IDEIAS.

OUÇA AS PESSOAS COM RESPEITO E ATENÇÃO!
REFLITA SOBRE O QUE ESTÁ SENDO DITO.

SEJA CRIATIVO!
INVENTE, USE SUA IMAGINAÇÃO.

NAS PÁGINAS 4 E 5, HÁ UM JOGO PARA VOCÊ COMEÇAR A PRATICAR CADA UMA DESSAS ATITUDES. DIVIRTA-SE!

QUEBRA-CABEÇA

1. DESTAQUE COM ATENÇÃO AS PEÇAS PRETAS DA FOLHA **A**.
2. CUBRA CADA QUADRADO DA PÁGINA AO LADO COM UMA PEÇA PRETA DE ACORDO COM ESTAS REGRAS:
   - ✓ NO QUADRADO 1, DEVE APARECER APENAS A LETRA **K**.
   - ✓ NO QUADRADO 2, DEVE APARECER APENAS A LETRA **P**.
   - ✓ NO QUADRADO 3, DEVE APARECER APENAS A LETRA **M**.
   - ✓ NO QUADRADO 4, DEVE APARECER APENAS A LETRA **F**.
3. DEPOIS DE COBRIR TODOS OS QUADRADOS, O PROFESSOR VAI ORIENTÁ-LO NA CRIAÇÃO DE UM NOVO. QUE TAL DESAFIAR OS COLEGAS?

FIQUE ATENTO A ESTAS ATITUDES

OUÇA AS PESSOAS COM ATENÇÃO E RESPEITO!
PRESTE BASTANTE ATENÇÃO NAS EXPLICAÇÕES DO PROFESSOR E OUÇA AS DÚVIDAS DOS COLEGAS. ELAS VÃO AJUDÁ-LO A COMPREENDER AS REGRAS.

VÁ COM CALMA!
OBSERVE BEM O FORMATO DAS PEÇAS E ONDE ESTÃO AS CORES INDICADAS.

TENTE OUTROS CAMINHOS!
EXPERIMENTE VIRAR AS PEÇAS PARA UM LADO E PARA O OUTRO. NÃO DESISTA!

ORGANIZE SEUS PENSAMENTOS!
OBSERVE UM QUADRADO DE CADA VEZ E ANALISE AS PEÇAS PRETAS COM ATENÇÃO ANTES DE COMEÇAR A COLOCAR AS PEÇAS.

FAÇA PERGUNTAS!
SE TIVER ALGUMA DÚVIDA, PERGUNTE AO PROFESSOR.

APROVEITE O QUE JÁ SABE!
DEPOIS QUE VOCÊ ENCONTRAR A PEÇA DO PRIMEIRO QUADRADO, OS PRÓXIMOS SERÃO MAIS FÁCEIS.

SEJA CRIATIVO!
CRIE O SEU QUADRADO E UMA PEÇA PARA COBRI-LO DO MODO QUE QUISER. DESAFIE SEUS COLEGAS!

1

X	H	C
K	A	H
B	J	M

2

P	G	P
V	L	I
Q	E	Q

3

W	U	M
W	T	M
O	R	N

4

F	Z	E
Y	S	A
E	F	F

CONHEÇA SEU LIVRO

DESCUBRA O QUE VOCÊ VAI APRENDER EM CADA PARTE DESTE LIVRO

ABERTURA DA UNIDADE

AQUI VOCÊ FALA O QUE VÊ E SABE A RESPEITO DA IMAGEM E DO TEMA DA UNIDADE.

PARA COMEÇAR

PARA AQUECER AS TURBINAS E COMEÇAR OS ESTUDOS.

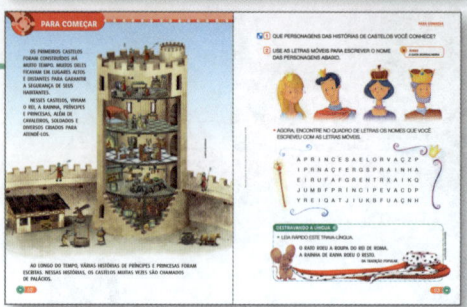

TEXTOS 1 E 2

CONTOS, POEMAS, FÁBULA, HISTÓRIA EM QUADRINHOS PARA VOCÊ LER, SE ENCANTAR, SE DIVERTIR E APRENDER.

OUVIR E ESCREVER

OS SONS DAS PALAVRAS AJUDAM VOCÊ A ESCREVÊ-LAS. FIQUE ATENTO!

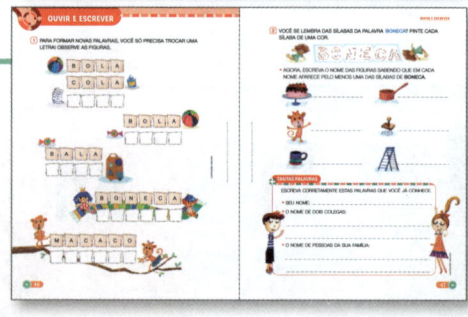

COMUNICAÇÃO ORAL

AQUI VOCÊ APRENDE A CONTAR HISTÓRIA, FAZER ENTREVISTA, DECLAMAR POEMAS E MUITAS OUTRAS COISAS DIVERTIDAS!

COMUNICAÇÃO ESCRITA

SIGA AS ORIENTAÇÕES E ESCREVA BILHETE, FICHA DE BICHO, LEGENDA DE FOTOS E MUITO MAIS.

SAIBA MAIS!

AQUI VOCÊ VAI CONHECER ALGUMAS CURIOSIDADES SOBRE DIFERENTES ASSUNTOS.

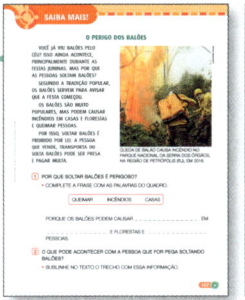

BRINCAR E APRENDER

JOGOS E BRINCADEIRAS PARA VOCÊ SE DIVERTIR ENQUANTO APRENDE.

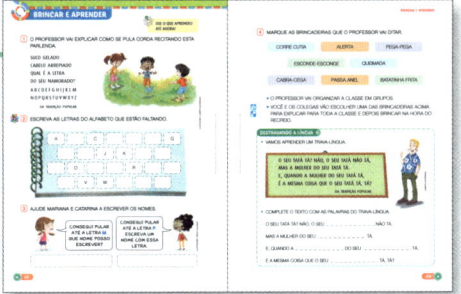

PARA AJUDAR VOCÊ EM SEUS ESTUDOS, PREPARAMOS MAIS UMAS COISINHAS...

CADERNO DO LEITOR

MUITAS HISTÓRIAS PARA VOCÊ LER, DESENHAR, PINTAR... LEVE SEU CADERNO DO LEITOR PARA ONDE QUISER E CUIDE BEM DELE!

ENVELOPE

NELE HÁ CARTONADOS E ADESIVOS PARA VOCÊ USAR NAS ATIVIDADES DO LIVRO. GUARDE-O MUITO BEM!

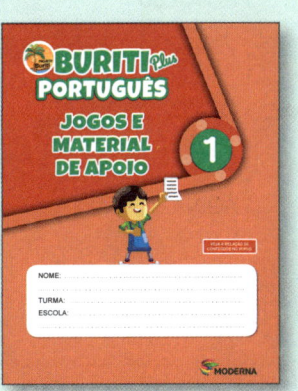

 ÍCONES UTILIZADOS

PARA INDICAR COMO REALIZAR AS ATIVIDADES

 ATIVIDADE ORAL
 DUPLA
 GRUPO
 DESENHO OU PINTURA
 ENVELOPE

PARA INDICAR HABILIDADES QUE VOCÊ VAI USAR PARA SE RELACIONAR MELHOR COM OS OUTROS E CONSIGO MESMO

PARA INDICAR OBJETOS DIGITAIS

MAPA DE CONTEÚDOS

UNIDADE	PARA COMEÇAR	TEXTO 1	COMUNICAÇÃO ORAL	OUVIR E ESCREVER
1 **EU TENHO UM NOME** PÁGINA 10	LISTA DOS NOMES DA CLASSE ALFABETO E ORDEM ALFABÉTICA 12	CANTIGA DE RODA *CIRANDA, CIRANDINHA* DA TRADIÇÃO POPULAR 16	APRESENTANDO-SE AOS COLEGAS 18	SOM INICIAL DOS NOMES MARIANA, PEDRO E CATARINA 20
2 **EU BRINCO** PÁGINA 32	NOME DE BRINQUEDOS E DE BRINCADEIRAS 34	PARLENDA *HOJE É DOMINGO* DA TRADIÇÃO POPULAR 38	ENSINANDO DOBRADURA 40	SÍLABA 41
3 **EU IMAGINO UM CASTELO** PÁGINA 50	CASTELOS 52	PARLENDA *A BRUXA* DA TRADIÇÃO POPULAR 54	CONTANDO UMA HISTÓRIA DESENHADA 56	SÍLABAS INICIAIS, MEDIAIS E FINAIS 57
4 **EU GOSTO DE ANIMAIS** PÁGINA 68	NOME DE ANIMAIS, DAS LETRAS E LETRA INICIAL 70	POEMA *UM POEMA PARA OS INSETOS* LALAU E LAURABEATRIZ 72	APRESENTANDO UMA CURIOSIDADE SOBRE ANIMAIS 74	PALAVRAS DENTRO DE PALAVRAS PALAVRAS COMPOSTAS 75
5 **EU FAÇO FESTA** PÁGINA 88	FESTA JUNINA 90	CONTO *A FESTA DO TIGRE E OS SEUS CONVIDADOS* HENRIQUETA LISBOA 94	RELATANDO OS PREPARATIVOS DE UMA FESTA 98	ESCRITA DE PALAVRAS A PARTIR DAS SÍLABAS DE OUTRAS PALAVRAS SÍLABA INICIAL: PA, PE, PI, PO, PU 99
6 **EU INVENTO** PÁGINA 110	A RODA 112	POEMA *SE FOR INVENTOR, INVENTE* JOSÉ PAULO PAES 116	INVENTANDO ANIMAL FANTÁSTICO 118	SÍLABAS E ESCRITA DE PALAVRAS SÍLABA INICIAL: LA, LE, LI, LO, LU 120
7 **EU PRATICO ESPORTES** PÁGINA 132	MODALIDADES ESPORTIVAS 134	POEMA *FUTEBOLÊS* NEUSA SORRENTI 136	ENTREVISTANDO UM ESPORTISTA 138	NOME DE TIMES DE FUTEBOL SÍLABAS INICIAL E FINAL E RIMAS 139
8 **EU ESTUDO OS DINOSSAUROS** PÁGINA 152	DINOSSAUROS 154	POEMA *MEU AMIGO DINOSSAURO* RUTH ROCHA 156	DECLAMANDO UM POEMA 159	PARTE COMUM E TERMINAÇÃO DE PALAVRAS SÍLABAS INICIAIS 160

ILUSTRAÇÕES: FABIANA SALOMÃO, MARLOWA, RAFAEL OLIVETTI, SUSAN MORISSE

TEXTO 2	COMUNICAÇÃO ESCRITA	OUVIR E ESCREVER	SAIBA MAIS!	BRINCAR E APRENDER
CONTO DESENHADO *A CALÇA DE PEDRO* PER GUSTAVSSON **22**	CALENDÁRIO DE ANIVERSÁRIOS **25**	SÍLABAS INICIAIS **27**		BINGO DE NOMES **29**
PARLENDA *UM, DOIS, FEIJÃO COM ARROZ* DA TRADIÇÃO POPULAR **43**	REGRAS DE BRINCADEIRA **45**	FORMAÇÃO DE PALAVRAS PELA TROCA DE LETRAS SÍLABAS INICIAIS, MEDIAIS E FINAIS **46**		BRINCADEIRA DE PULAR CORDA **48**
CONTO *O JANTAR CRIADO PELO GATO DE BOTAS* KATIA CANTON **58**	BILHETE PARA O DONO DO GATO **61**	SÍLABAS IGUAIS EM DIFERENTES POSIÇÕES NA PALAVRA **62**	**INFOGRÁFICO** *PROTEÇÃO DOS CASTELOS* **65**	LINCE DE PALAVRAS **67**
CONTO *A AMIZADE ENTRE O CORVO E O COELHO* CONTOS AFRICANOS **78**	VOCÊ SABIA? **81**	SÍLABAS INICIAIS, MEDIAIS E FINAIS SÍLABA INICIAL: FA, FE, FI, FO, FU **83**	**TEXTO EXPOSITIVO** *FILHOTE DE PANDA-GIGANTE* STEVE PARKER **85**	ALFABETÁRIO DE ANIMAIS MARINHOS **86**
CONVITE *CONVITE DE ANIVERSÁRIO* **102**	CONVITE DE FESTA DE ANIVERSÁRIO **105**	PALAVRA DENTRO DE PALAVRA **106**	**TEXTO INFORMATIVO** *O PERIGO DOS BALÕES* **107**	JOGO DA MEMÓRIA **109**
CAPA DE LIVRO *A INVENÇÃO DE CELESTE* TELMA GUIMARÃES CASTRO ANDRADE **122**	LEGENDA DE FOTOS **126**	LISTA DE INVENTOS SÍLABAS IGUAIS EM PALAVRAS DIFERENTES **127**	**INFOGRÁFICO** *EMBALAGEM LONGA VIDA* **129**	BINGO DE INVENÇÕES **131**
FÁBULA *A LEBRE E A TARTARUGA* GUILHERME FIGUEIREDO **142**	CONTINUAÇÃO DE UMA FÁBULA **145**	NOME DE MODALIDADES ESPORTIVAS SEPARAÇÃO DE PALAVRAS **147**	**TEXTO EXPOSITIVO** *JOGOS OLÍMPICOS E PARALÍMPICOS* **150**	OLIMPÍADA ESPORTIVA **151**
HISTÓRIA EM QUADRINHOS *HORÁCIO* MAURICIO DE SOUSA **162**	FICHA DO BICHO **165**	PARTES COMUNS DE PALAVRAS DIFERENTES **166**		*STOP!* **168**

ILUSTRAÇÕES: EDNEI MARX, FABIANA SALOMÃO, MARLOWA, SIMONE ZIASCH, SUSAN MORISSE

UNIDADE 1 — EU TENHO UM NOME

BEATRIZ APRENDENDO A ESCREVER O NOME DELA.

- O QUE A MENINA ESTÁ ESCREVENDO?
- VOCÊ CONSEGUE IDENTIFICAR AS LETRAS?
- VOCÊ SABE ESCREVER COMO A MENINA?

PARA COMEÇAR

1 COLE NO ESPAÇO ABAIXO A LISTA DE NOMES DOS ALUNOS DE SUA CLASSE.

PARA COMEÇAR

2 ENCONTRE SEU NOME NA LISTA E PINTE-O.

3 DESTAQUE AS LETRAS MÓVEIS DAS FOLHAS **B**.

4 FORME SEU NOME COM AS LETRAS MÓVEIS.

- EM SEGUIDA, EMBARALHE AS LETRAS E TENTE FORMAR SEU NOME NOVAMENTE.
- DEPOIS DE USÁ-LAS, GUARDE-AS PARA OUTRAS ATIVIDADES.

5 AGORA, ESCREVA A PRIMEIRA LETRA DO SEU NOME.

- QUE OUTRAS PALAVRAS COMEÇAM COM A LETRA DO SEU NOME?

6 AGORA, DESENHE VOCÊ AQUI OU COLE UMA FOTO SUA. ESCREVA SEU NOME LOGO ABAIXO.

FABIANA SALOMÃO

PARA COMEÇAR

ESTAS SÃO AS LETRAS DE NOSSO **ALFABETO**.
ELAS ESTÃO ORGANIZADAS EM UMA SEQUÊNCIA CHAMADA **ORDEM ALFABÉTICA**.

A	B	C	D	E	F
G	H	I	J	K	L
M	N	O	P	Q	R
S	T	U	V	W	X
		Y	Z		

7 CIRCULE A LETRA QUE INICIA SEU NOME.

8 OBSERVE NOVAMENTE A LISTA DE NOMES DOS ALUNOS DA CLASSE.
- QUAL É A LETRA QUE MAIS APARECE NO INÍCIO DOS NOMES?

9 PINTE DE **VERDE** A LETRA FINAL DO NOME DOS MENINOS.
- QUAL É A LETRA QUE MAIS APARECE?

10 PINTE DE **VERMELHO** A LETRA FINAL DO NOME DAS MENINAS.
- QUAL É A LETRA QUE MAIS APARECE?

PARA COMEÇAR

11. CIRCULE SOMENTE O QUE FOR LETRA.

- ENCONTRE NO DESENHO AS LETRAS QUE VOCÊ CIRCULOU.

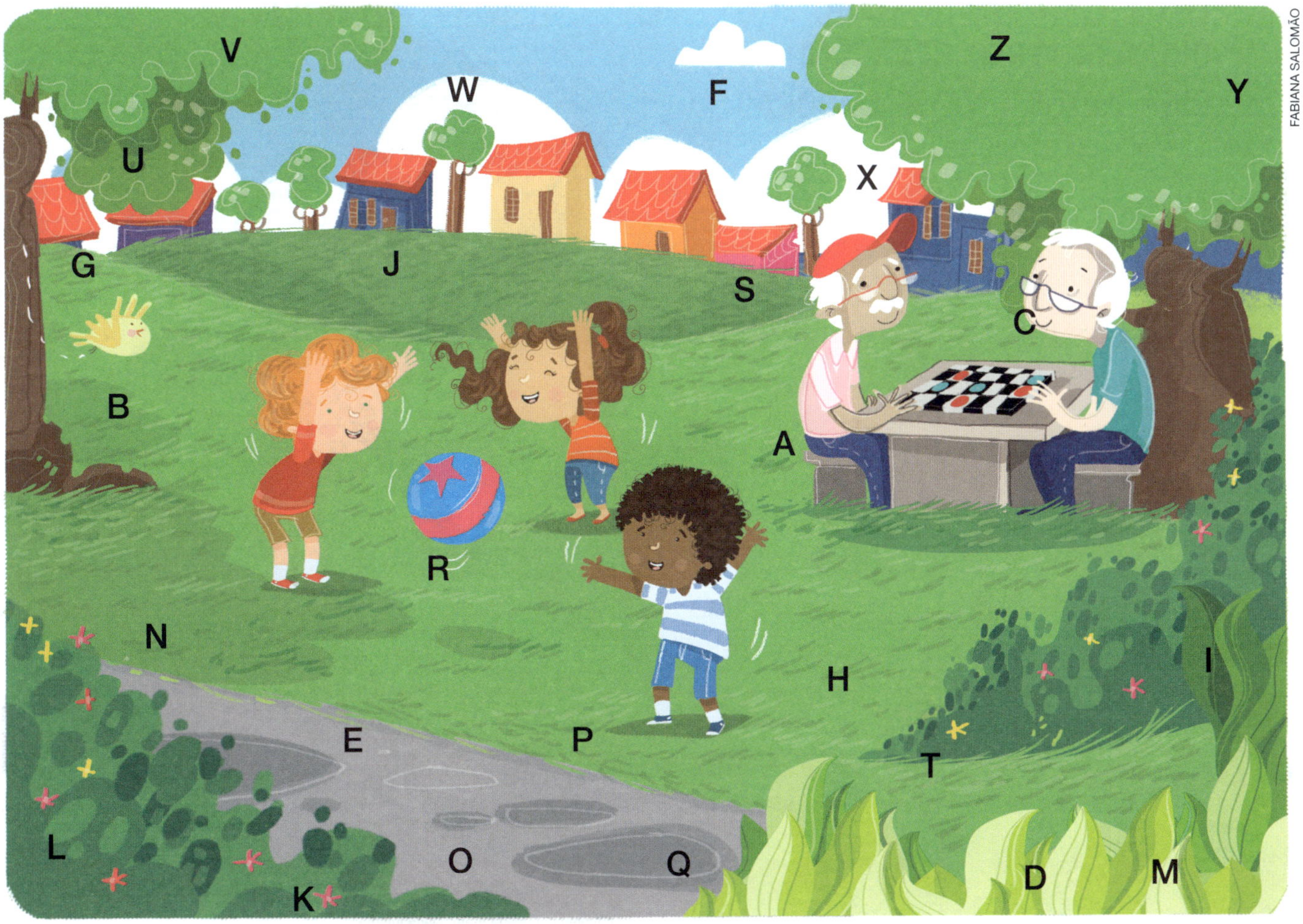

TEXTO 1

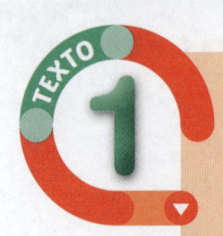

HÁ VÁRIAS CANTIGAS DE RODA QUE BRINCAM COM NOMES DE PESSOAS.

ACOMPANHE A LEITURA DO PROFESSOR.

DEPOIS, OUÇA A CANTIGA!

CIRANDA, CIRANDINHA

ÁUDIO
CIRANDA, CIRANDINHA

CIRANDA, CIRANDINHA,
VAMOS TODOS CIRANDAR,
VAMOS DAR A MEIA-VOLTA
VOLTA E MEIA VAMOS DAR.

O ANEL QUE TU ME DESTE
ERA VIDRO E SE QUEBROU.
O AMOR QUE TU ME TINHAS
ERA POUCO E SE ACABOU.

POR ISSO, DONA ROSA,
ENTRE LOGO NESTA RODA,
DIGA UM VERSO BEM BONITO,
DIGA ADEUS E VÁ-SE EMBORA!

DA TRADIÇÃO POPULAR.

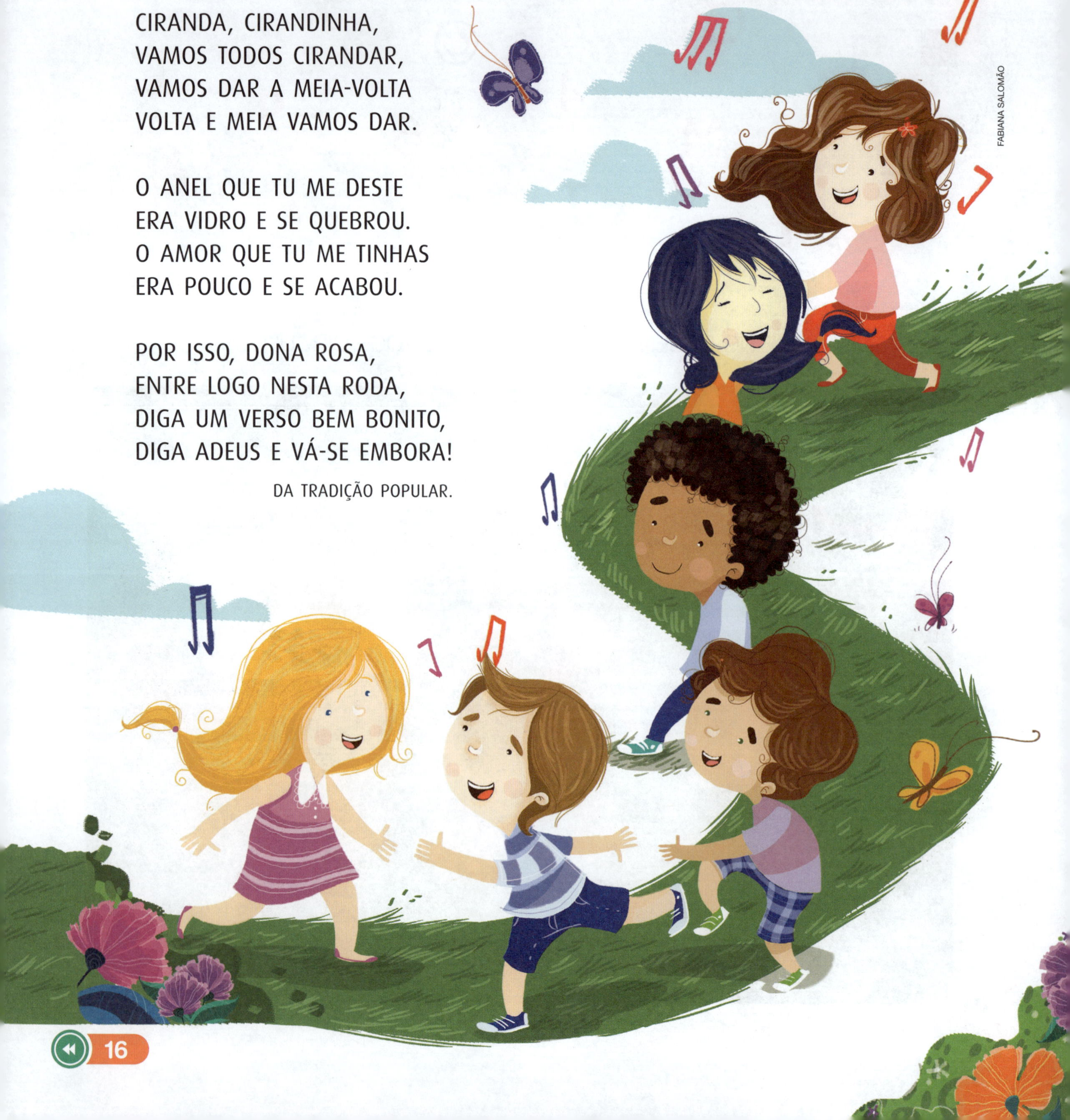

FABIANA SALOMÃO

1 O QUE É UMA CIRANDA? PINTE O ☐ COM A RESPOSTA.

ILUSTRAÇÕES: FABIANA SALOMÃO

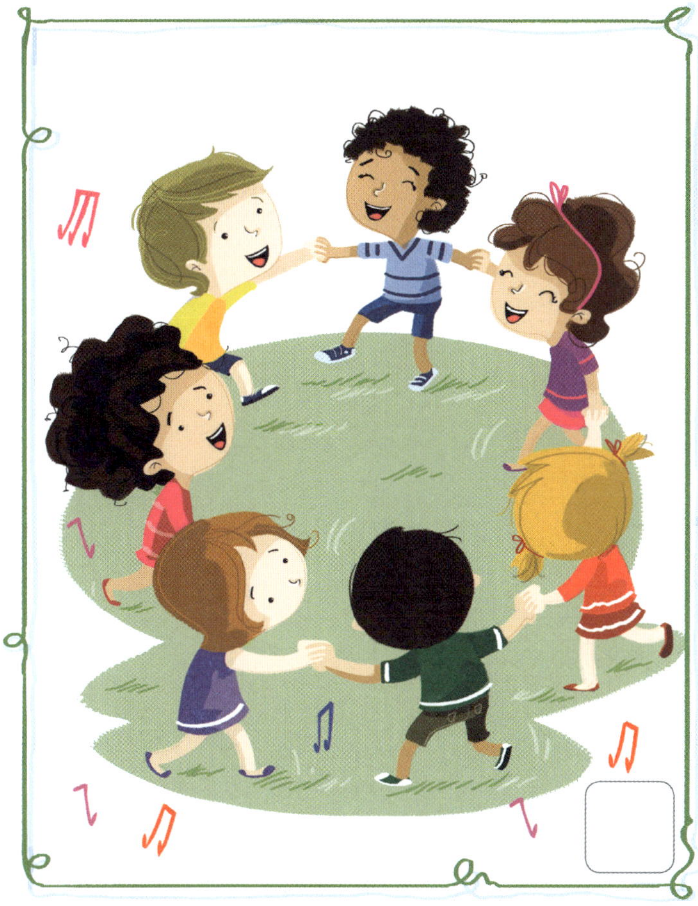

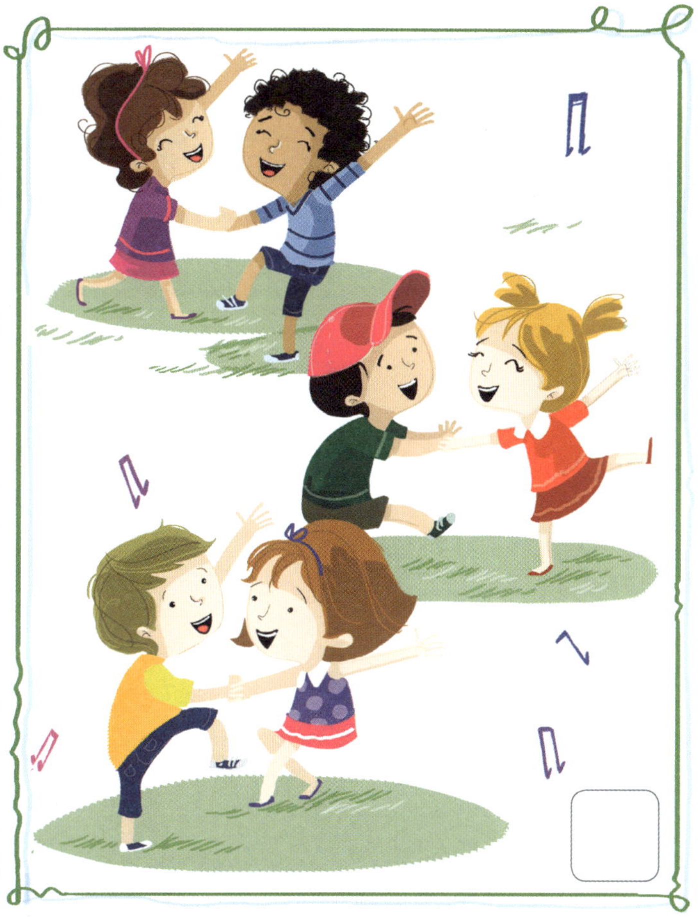

2 CIRCULE O NOME QUE APARECE NA CANTIGA.

ROSA **DORA** **CORA**

3 FORME UMA RODA COM OS COLEGAS PARA BRINCAR DE CIRANDA.

- CANTEM TROCANDO O NOME QUE APARECE NA CANTIGA PELO NOME DE VOCÊS.

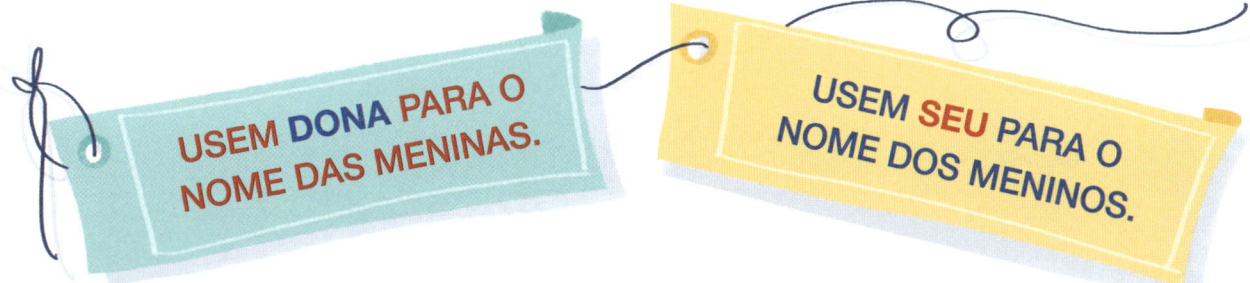

USEM **DONA** PARA O NOME DAS MENINAS.

USEM **SEU** PARA O NOME DOS MENINOS.

4 AGORA, O PROFESSOR VAI FALAR UMA PALAVRA DA CANTIGA E VOCÊS DEVEM DIZER OUTRA QUE TERMINA COM SONS PARECIDOS.

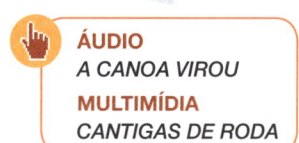

ÁUDIO
A CANOA VIROU
MULTIMÍDIA
CANTIGAS DE RODA

COMUNICAÇÃO ORAL

1 DESENHE NOS QUADRINHOS.

COMUNICAÇÃO ORAL

2 AGORA, VOCÊ VAI SE APRESENTAR AOS COLEGAS. VOCÊS PRECISARÃO DE UM ROLO DE BARBANTE.

OUÇA OS COLEGAS COM ATENÇÃO E RESPEITO!

- VOCÊ E OS COLEGAS VÃO FORMAR UM CÍRCULO.
- APRESENTE-SE E DÊ UMA VOLTA DE BARBANTE NO DEDO.

> OLÁ! EU ME CHAMO (DIGA SEU NOME). EU TENHO (DIGA SUA IDADE).

- PASSE O ROLO DE BARBANTE PARA O COLEGA AO LADO E PERGUNTE A ELE:

> E VOCÊ, COMO SE CHAMA? QUANTOS ANOS VOCÊ TEM?

- APÓS TODOS TEREM SE APRESENTADO, RECOMECEM!
- CONTE DO QUE VOCÊ GOSTA E DESENROLE O BARBANTE DO DEDO.

> EU GOSTO DE (DIGA DE QUE VOCÊ GOSTA).

- REPASSE O ROLO DE BARBANTE PARA O COLEGA E PERGUNTE DE QUE ELE GOSTA.

> E VOCÊ, GOSTA DE QUÊ?

3 PARA CONCLUIR AS APRESENTAÇÕES, MOSTRE AOS COLEGAS OS DESENHOS QUE VOCÊ FEZ NA PÁGINA 18.

COMECE A MONTAR SUA AGENDA. ELA ESTÁ NAS FOLHAS **C**, NO ENVELOPE.

OUVIR E ESCREVER

1 LEIA O NOME DESTAS CRIANÇAS COM A AJUDA DO PROFESSOR.

2 FALE EM VOZ ALTA O NOME DESTAS FIGURAS.

- PINTE DE **ROXO** AS FIGURAS QUE TÊM O NOME COMEÇANDO COM OS MESMOS SONS DO NOME DE **MARIANA**.
- PINTE DE **VERDE** AS QUE TÊM O NOME COMEÇANDO COM OS MESMOS SONS DO NOME DE **PEDRO**.
- PINTE DE **AZUL** AS QUE TÊM O NOME COMEÇANDO COM OS MESMOS SONS DO NOME DE **CATARINA**.

OUVIR E ESCREVER

3 MARIANA ESTÁ DITANDO PALAVRAS PARA SUA IRMÃ ESCREVER. VEJA COMO ELA FAZ.

- QUAIS SÃO OS SONS INICIAIS DESSAS PALAVRAS?
- COMO ESSES SONS SÃO ESCRITOS?
- O NOME DE ALGUM COLEGA DE SUA CLASSE COMEÇA COM ESSES MESMOS SONS? ESCREVA O NOME DELE.

_____

4 AGORA, DITE PARA O PROFESSOR OUTRAS PALAVRAS QUE COMECEM COM ESSES MESMOS SONS.
- COPIE TRÊS DESSAS PALAVRAS.

_____

OUÇA A LEITURA QUE O PROFESSOR VAI FAZER DESTE CONTO.

ACOMPANHE A LEITURA E OBSERVE OS DESENHOS. ELES AJUDAM A CONTAR A HISTÓRIA.

A CALÇA DO PEDRO

AQUI MORA O PEDRO E ALI MORA A LÚCIA.

AGORA O PEDRO ESTÁ INDO ATÉ A CASA DA LÚCIA PERGUNTAR SE ELA QUER BRINCAR.

ENTÃO, ELES DESCEM POR UM MORRO E SEGUEM AO LONGO DE UMA ESTRADA.

ENCONTRAM UMA EXCELENTE COLINA PARA ESCORREGAR, E OS DOIS SOBEM A COLINA.

VIIIVAAA! — ESCORREGAM COLINA ABAIXO.

MAS — UI! A CALÇA DO PEDRO RASGOU E AGORA ELE TEM QUE PARAR DE BRINCAR.

PEDRO E LÚCIA CAMINHAM DE VOLTA, AO LONGO DA ESTRADA. TORNAM A SUBIR O MORRO, MAS NA CASA DO PEDRO NÃO HÁ NINGUÉM QUE POSSA COSTURAR SUA CALÇA.

ENTÃO ELES VÃO ATÉ A CASA DA LÚCIA E A MÃE DA LÚCIA FINALMENTE CONSERTA A CALÇA DO PEDRO.

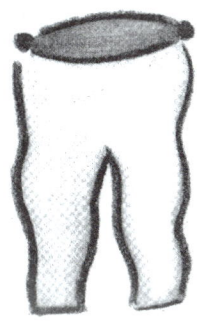

NOSSA, O CONSERTO FICOU ÓTIMO!

PER GUSTAVSSON. *CONTOS DESENHADOS*. ILUSTRAÇÕES DE BOEL WERNER. SÃO PAULO: CALLIS, 2005.

TEXTO 2

1 QUEM SÃO AS PERSONAGENS DO CONTO?

_____.

2 PEDRO FOI CHAMAR LÚCIA PARA FAZER O QUÊ?

☐ BRINDAR.   ☐ BRIGAR.   ☐ BRINCAR.

3 OBSERVE O DESENHO AO LADO.

- PINTE A FIGURA QUE REPRESENTA O QUE PEDRO E LÚCIA ESTAVAM FAZENDO NESSA PARTE DA HISTÓRIA.

4 DESENHE O QUE ACONTECEU COM A CALÇA DE PEDRO.

5 CONVERSE COM OS COLEGAS.

- COMO A SITUAÇÃO FOI RESOLVIDA?
- VOCÊ JÁ TINHA OUVIDO UMA HISTÓRIA COMO ESSA?
- ALGUMA VEZ PENSOU QUE OS DESENHOS PUDESSEM CONTAR UMA HISTÓRIA?
- DO QUE VOCÊ MAIS GOSTOU NESSA HISTÓRIA?

COMUNICAÇÃO ESCRITA

- ORGANIZE ESTE CALENDÁRIO PARA VOCÊ SE LEMBRAR DO DIA EM QUE SEUS COLEGAS FAZEM ANIVERSÁRIO.
- CONSULTE A AGENDA QUE VOCÊ MONTOU E ESCREVA EM CADA MÊS O NOME DOS ANIVERSARIANTES E O DIA DO ANIVERSÁRIO DE CADA UM.

JANEIRO	DIA	FEVEREIRO	DIA

MARÇO	DIA	ABRIL	DIA

MAIO	DIA	JUNHO	DIA

FABIANA SALOMÃO

COMUNICAÇÃO ESCRITA

> COM OS COLEGAS, FAÇA UM CALENDÁRIO COMO ESTE PARA COLOCAR NO MURAL DA SALA.

JULHO	DIA	AGOSTO	DIA

SETEMBRO	DIA	OUTUBRO	DIA

NOVEMBRO	DIA	DEZEMBRO	DIA

OUVIR E ESCREVER

1 VOCÊ SE LEMBRA DESTAS CRIANÇAS?

- LEIA EM VOZ ALTA O NOME DELAS.

MARIANA   PEDRO   CATARINA

- AGORA, ENCONTRE ESSES NOMES NO QUADRO DE LETRAS ABAIXO.

```
M A R I A N A L M A L A
V A R M G T M A C A C O
H C A T A R I N A T L I
F D P A R B D Z U I X T
C A N O A E P E T E C A
P E R A E A G P E D R O
```

TANTAS PALAVRAS

- ESCREVA O NOME DESSAS CRIANÇAS EM SUA LISTA DE PALAVRAS.

OUVIR E ESCREVER

2 FALE EM VOZ ALTA O NOME DAS FRUTAS.

- CIRCULE A FRUTA QUE COMEÇA COM OS MESMOS SONS DO NOME DESTA MENINA.

- AGORA, ESCREVA O NOME DA FRUTA QUE VOCÊ CIRCULOU.

- ESCREVA TAMBÉM O NOME DESSA MENINA.

BRINCAR E APRENDER

BINGO DE NOMES

APROVEITE O QUE JÁ SABE! USE O QUE APRENDEU ATÉ HOJE PARA ESCREVER OS NOMES.

▶ ESCOLHA MARCADORES PARA JOGAR O BINGO.

▶ EM SEGUIDA, ESCOLHA QUATRO NOMES DE COLEGAS DA CLASSE.

▶ ESCREVA CADA NOME EM UM DOS ESPAÇOS DA CARTELA ABAIXO. CONSULTE A LISTA DE NOMES DA PÁGINA 12.

▶ DEPOIS, O PROFESSOR VAI SORTEAR O NOME DE ALGUNS ALUNOS DA CLASSE.

▶ SE NA SUA CARTELA ESTIVER O NOME SORTEADO, COLOQUE UM MARCADOR SOBRE ELE.

▶ GANHA O JOGO QUEM COMPLETAR PRIMEIRO TODA A CARTELA.

VOCÊ PODE USAR SEMENTES, BOTÕES OU PEDRINHAS COMO MARCADORES.

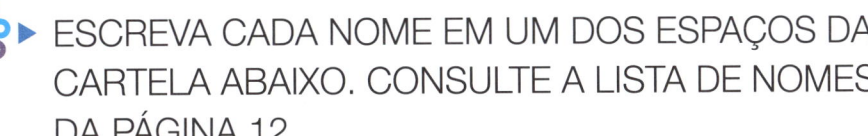

BINGO

RESPEITO, HARMONIA E BEM-ESTAR

TODAS AS PESSOAS – ADULTOS E CRIANÇAS – DEVEM RESPEITAR OS DIREITOS DOS OUTROS E LEMBRAR DOS DEVERES A SEREM CUMPRIDOS.

A BOA CONVIVÊNCIA TRAZ HARMONIA, FAZ BEM PARA A SAÚDE E AUMENTA O BEM-ESTAR.

1. OBSERVE AS CENAS E FAÇA UM X BEM GRANDE SOBRE AQUELAS QUE REPRESENTAM MÁS ATITUDES.

2. COM A AJUDA DO PROFESSOR, VOCÊ E OS COLEGAS VÃO ESCOLHER ALGUMAS REGRAS DE BOA CONVIVÊNCIA PARA A TURMA.

- FAÇAM UMA VOTAÇÃO E DITEM PARA O PROFESSOR AS ESCOLHIDAS.
- AGORA, COPIE DA LOUSA AS REGRAS QUE VOCÊS DITARAM AO PROFESSOR.

SE FOR PRECISO, CRIEM OUTRAS REGRAS AO LONGO DO ANO.

REGRAS DE BOA CONVIVÊNCIA

_____
_____
_____
_____
_____
_____
_____
_____
_____
_____

ORGANIZE SEUS PENSAMENTOS ANTES DE FALAR! CAPRICHE NA HORA DE EXPLICAR SUAS IDEIAS.

UNIDADE 2 — EU BRINCO

- DO QUE A CRIANÇA ESTÁ BRINCANDO?
- ELA PARECE SE DIVERTIR?
- VOCÊ GOSTA DE BRINCAR SOZINHO?

CLAUDE RENOIR BRINCANDO, DE PIERRE-AUGUSTE RENOIR, 1905.

PARA COMEÇAR

VOCÊ GOSTA DE BRINCAR COM SEUS AMIGOS?

1. OBSERVE AS IMAGENS ABAIXO.

- MARQUE TRÊS BRINQUEDOS DE QUE VOCÊ MAIS GOSTA.

- CONSULTE O QUADRO PARA ESCREVER O NOME DOS TRÊS BRINQUEDOS QUE VOCÊ MARCOU.

URSO DE PELÚCIA	BONECA	CARRINHO
BOLA	BICICLETA	*VIDEOGAME*
QUEBRA-CABEÇA	PIPA	PATINETE

_____

_____

_____

PARA COMEÇAR

2 CIRCULE O NOME DO BRINQUEDO QUE CORRESPONDE A CADA FIGURA.

AVIÃO
ANÃO

PENEIRA
PETECA

CARRINHO
CAMINHÃO

BONITO
BONECA

- ENCONTRE E PINTE NO QUADRO DE LETRAS AS PALAVRAS QUE VOCÊ CIRCULOU.

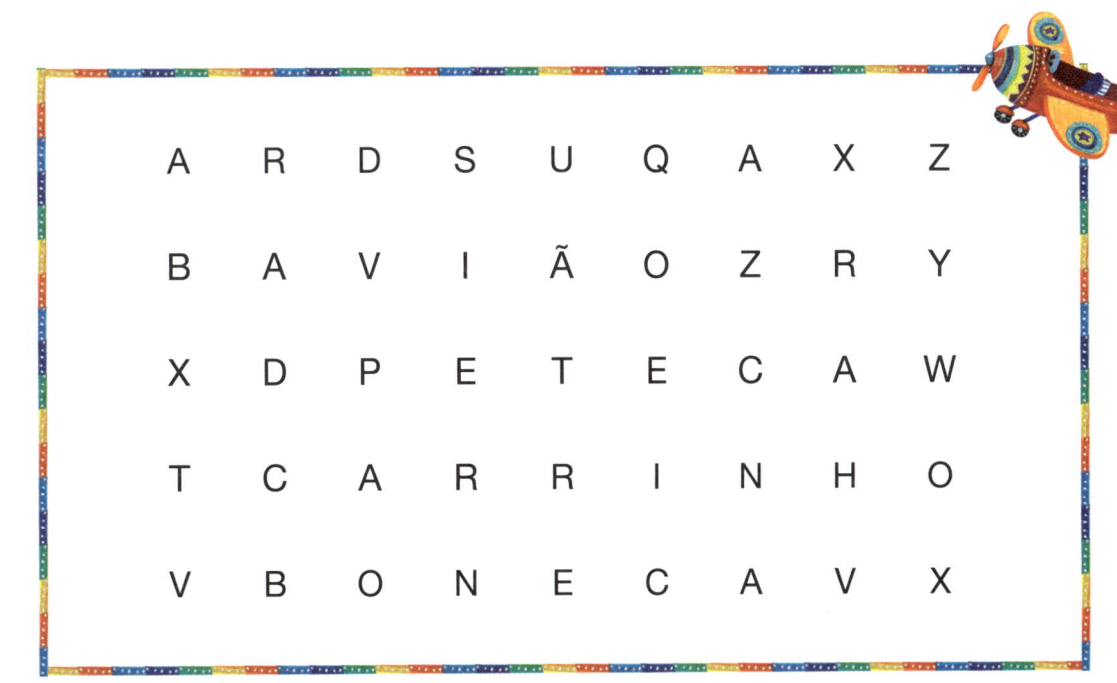

A	R	D	S	U	Q	A	X	Z
B	A	V	I	Ã	O	Z	R	Y
X	D	P	E	T	E	C	A	W
T	C	A	R	R	I	N	H	O
V	B	O	N	E	C	A	V	X

PARA COMEÇAR

3 CONVERSE COM AS MENINAS E OS MENINOS DE SUA CLASSE.

- PERGUNTE A ELES QUAL É O BRINQUEDO DE QUE MAIS GOSTAM E REGISTRE NOS QUADROS ABAIXO.

NOME DA COLEGA: _____

BRINQUEDO PREFERIDO: _____

NOME DA COLEGA: _____

BRINQUEDO PREFERIDO: _____

NOME DO COLEGA: _____

BRINQUEDO PREFERIDO: _____

NOME DO COLEGA: _____

BRINQUEDO PREFERIDO: _____

4 ANOTE O NOME DOS BRINQUEDOS PREFERIDOS DE SUA CLASSE.

- BRINQUEDO PREFERIDO DAS MENINAS.

_____

- BRINQUEDO PREFERIDO DOS MENINOS.

_____

ILUSTRAÇÕES: WALDOMIRO NETO

PARA COMEÇAR

5 ESCREVA, DO SEU JEITO, O NOME DESTAS BRINCADEIRAS.

6 COM UM COLEGA, ESCREVA UMA LISTA DE BRINCADEIRAS PARA A HORA DO RECREIO.

TEXTO 1

ACOMPANHE A LEITURA DESTA PARLENDA.
PARLENDAS SÃO VERSOS USADOS PARA BRINCAR OU PARA ESCOLHER QUEM COMEÇA UMA BRINCADEIRA.
ALGUÉM JÁ CANTAROLOU ESTA PARLENDA PARA VOCÊ?

ÁUDIO
HOJE É DOMINGO

HOJE É DOMINGO

HOJE É DOMINGO
PEDE CACHIMBO
O CACHIMBO É DE BARRO
BATE NO JARRO
O JARRO É DE OURO
BATE NO TOURO
O TOURO É VALENTE
BATE NA GENTE
A GENTE É FRACO
CAI NO BURACO
O BURACO É FUNDO
ACABOU-SE O MUNDO!

DA TRADIÇÃO POPULAR.

CADA LINHA DE UM POEMA, DE UMA CANTIGA, DE UMA PARLENDA OU DE UMA CANÇÃO CHAMA-SE **VERSO**.
OS SONS PARECIDOS NO FINAL DE CADA VERSO CHAMAM-SE **RIMAS**.

1 CIRCULE DA MESMA COR AS PALAVRAS QUE RIMAM.

- USE UMA COR DIFERENTE PARA CADA PAR DE RIMAS.
- FALE EM VOZ ALTA CADA PAR DE PALAVRAS QUE RIMAM. QUAIS SÃO OS SONS QUE SE REPETEM EM CADA PAR?

TEXTO 1

2 ESCREVA A PALAVRA DA PARLENDA QUE RIMA COM ESTAS PALAVRAS.

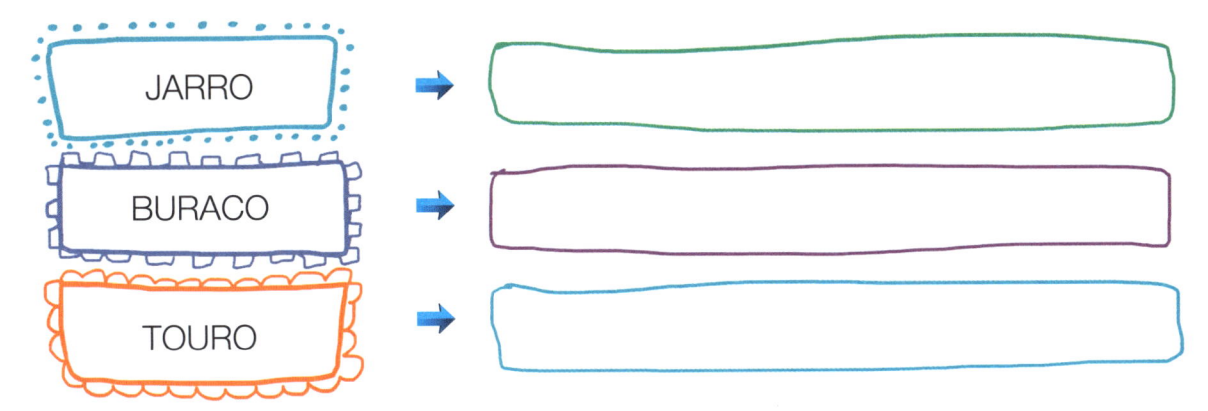

JARRO →

BURACO →

TOURO →

3 AGORA É SUA VEZ!
- COM OS COLEGAS, COMPLETE OS VERSOS COM RIMAS.
- SE PRECISAR, CONSULTE AS PALAVRAS ABAIXO.

ESPANHOL   ESPICHA   INFLAMA   VIÚVA

QUEM **COCHICHA**

O RABO _____

QUEM **RECLAMA**

O RABO _____

SOL E **CHUVA**

CASAMENTO DE _____

CHUVA E **SOL**

CASAMENTO DE _____

COMUNICAÇÃO ORAL

1 VOCÊ CONHECE ESTA CANTIGA? CANTE-A COM O PROFESSOR E OS COLEGAS.

COMO PODE O PEIXO VIVO
VIVER FORA DA ÁGUA FRIA
COMO PODE O PEIXE VIVO
VIVER FORA DA ÁGUA FRIA

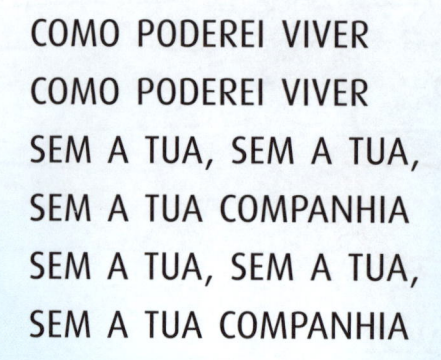

COMO PODEREI VIVER
COMO PODEREI VIVER
SEM A TUA, SEM A TUA,
SEM A TUA COMPANHIA
SEM A TUA, SEM A TUA,
SEM A TUA COMPANHIA

DA TRADIÇÃO POPULAR.

ÁUDIO
PEIXE VIVO

- AGORA, APRENDA A FAZER UM PEIXE.
- OBSERVE AS ILUSTRAÇÕES ABAIXO E PRESTE ATENÇÃO À EXPLICAÇÃO DO PROFESSOR.

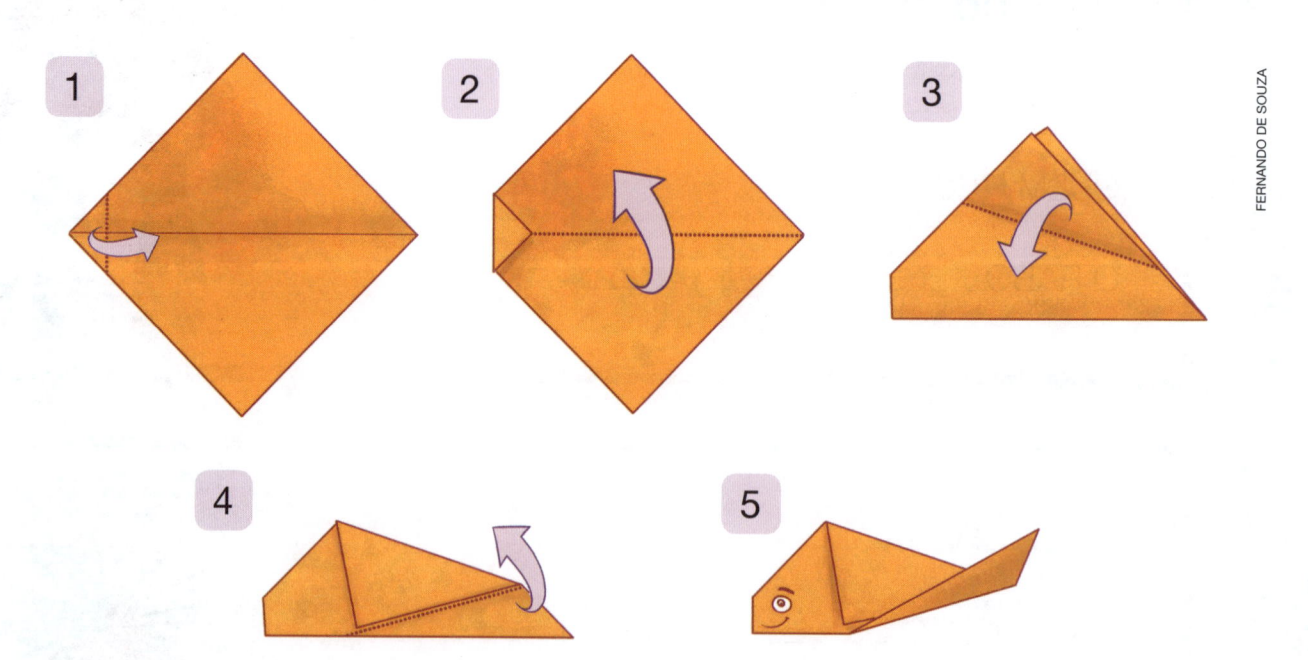

2 AGORA, VOCÊ VAI ENSINAR ESSA DOBRADURA AOS ALUNOS DE OUTRA CLASSE.

- EM GRUPOS, ENSAIEM O MELHOR MODO DE EXPLICAR COMO FAZER A DOBRADURA.

ORGANIZE SEUS PENSAMENTOS ANTES DE FALAR. CAPRICHE NA HORA DE EXPLICAR.

OUVIR E ESCREVER

1 QUANTAS SÍLABAS TEM ESTA PALAVRA?

JOGO
DESCUBRA AS PALAVRAS

- LEIA-A COM OS COLEGAS PRONUNCIANDO AS SÍLABAS COM ATENÇÃO.

| B | O | | | | | | | N | E | | | | | | | C | A |

2 VOCÊ SE LEMBRA DESTES BRINQUEDOS?

- FALE EM VOZ ALTA O NOME DELES.

- COM UM COLEGA, ESCREVA O NOME DOS BRINQUEDOS NO QUADRO, ORGANIZANDO-OS PELA QUANTIDADE DE SÍLABAS.

2 SÍLABAS	3 SÍLABAS

OUVIR E ESCREVER

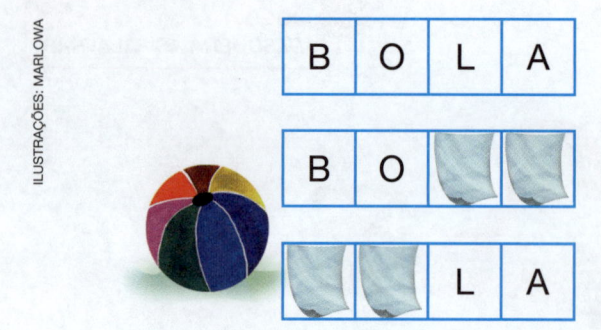

3 AGORA, OBSERVE COMO FORAM DIVIDIDAS ESTAS PALAVRAS.

| B | O | L | A |

| B | O | | |

| | | L | A |

| P | E | T | E | C | A |

| P | E | | | | |

| | | T | E | | |

| | | | | C | A |

• ESCREVA O NOME DAS FIGURAS E DIVIDA-O EM SÍLABAS.

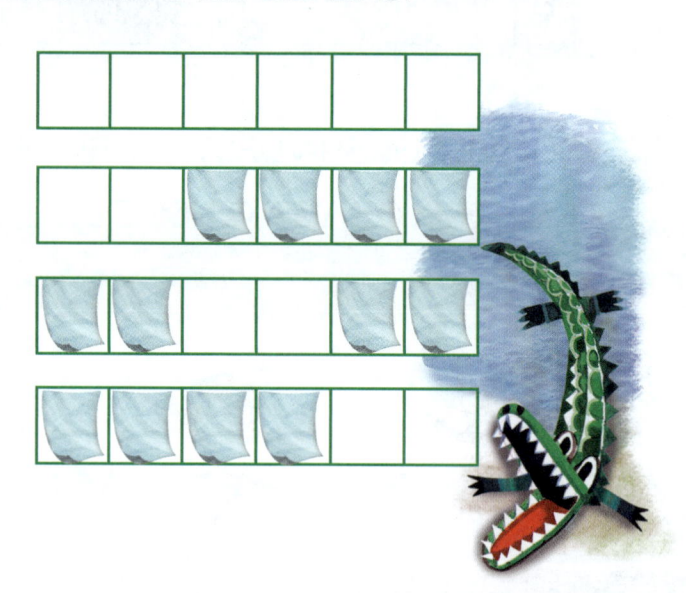

4 ESCREVA O NOME DESTE BRINQUEDO.

_____

• QUAL É A SÍLABA QUE TAMBÉM APARECE NA PALAVRA **DADO**? ☐

• COPIE DA PARLENDA **HOJE É DOMINGO**, NA PÁGINA 38, DUAS PALAVRAS QUE TÊM ESSA SÍLABA.

_____

_____

TEXTO 2

ACOMPANHE A LEITURA DE OUTRA PARLENDA PELO PROFESSOR.

VOCÊ CONHECE ESTA PARLENDA?

> **ÁUDIO**
> UM, DOIS, FEIJÃO COM ARROZ

UM, DOIS, FEIJÃO COM ARROZ.

1, 2

TRÊS, QUATRO, FEIJÃO NO PRATO.

3, 4

CINCO, SEIS, FALAR INGLÊS.

5, 6

YES!

SETE, OITO, COMER BISCOITO.

7, 8

NOVE, DEZ, COMER PASTÉIS.

9, 10

DA TRADIÇÃO POPULAR.

1 LEIA A PARLENDA EM VOZ ALTA COM OS COLEGAS.

TEXTO 2

2 LIGUE AS COLUNAS.

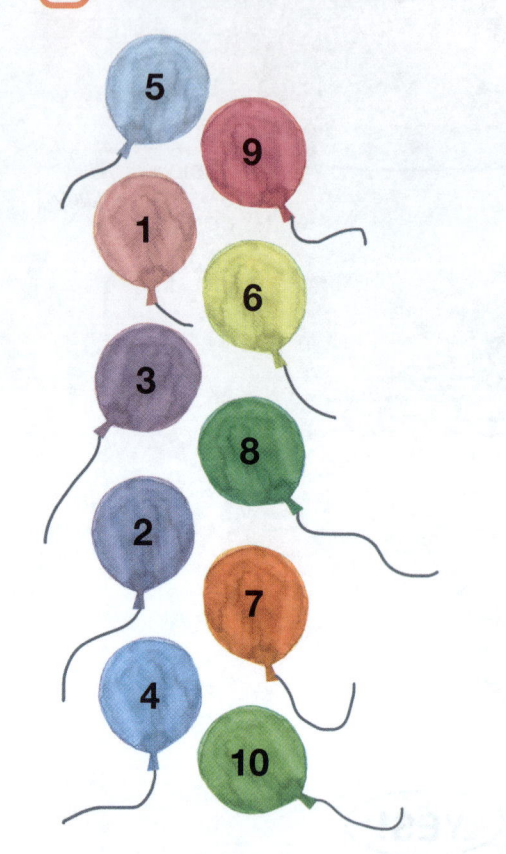

- 5
- 9
- 1
- 6
- 3
- 8
- 2
- 7
- 4
- 10

UM
DOIS
TRÊS
QUATRO
CINCO
SEIS
SETE
OITO
NOVE
DEZ

3 QUE VERSO É? DESCUBRA E COPIE DO TEXTO!

7, 8 _____

_____

9, 10 _____

_____

COMUNICAÇÃO ESCRITA

- VOCÊ E OS COLEGAS VÃO ESCOLHER A BRINCADEIRA PREDILETA DA TURMA PARA ENSINAR AOS ALUNOS DE OUTRA CLASSE.
- RELEMBREM A BRINCADEIRA.
- DEPOIS, DITEM AS REGRAS PARA O PROFESSOR.

VÍDEO
PULAR ELÁSTICO

OUÇA OS COLEGAS COM ATENÇÃO E RESPEITO!

SIGAM AS DICAS!

- ✔ COMECEM COM O TÍTULO DA BRINCADEIRA.
- ✔ EM SEGUIDA, DIGAM O OBJETIVO DELA.
- ✔ INFORMEM O NÚMERO DE PARTICIPANTES.
- ✔ INDIQUEM O MATERIAL NECESSÁRIO.
- ✔ ORGANIZEM A ORDEM EM QUE AS REGRAS DEVERÃO SER APRESENTADAS.
- ✔ EXPLIQUEM BEM CADA UMA DAS REGRAS.

- DEPOIS DE PRONTO, ENVIEM O TEXTO PARA A OUTRA CLASSE PROPONDO UM ENCONTRO PARA BRINCAREM TODOS JUNTOS.

OUVIR E ESCREVER

1 PARA FORMAR NOVAS PALAVRAS, VOCÊ SÓ PRECISA TROCAR UMA LETRA! OBSERVE AS FIGURAS.

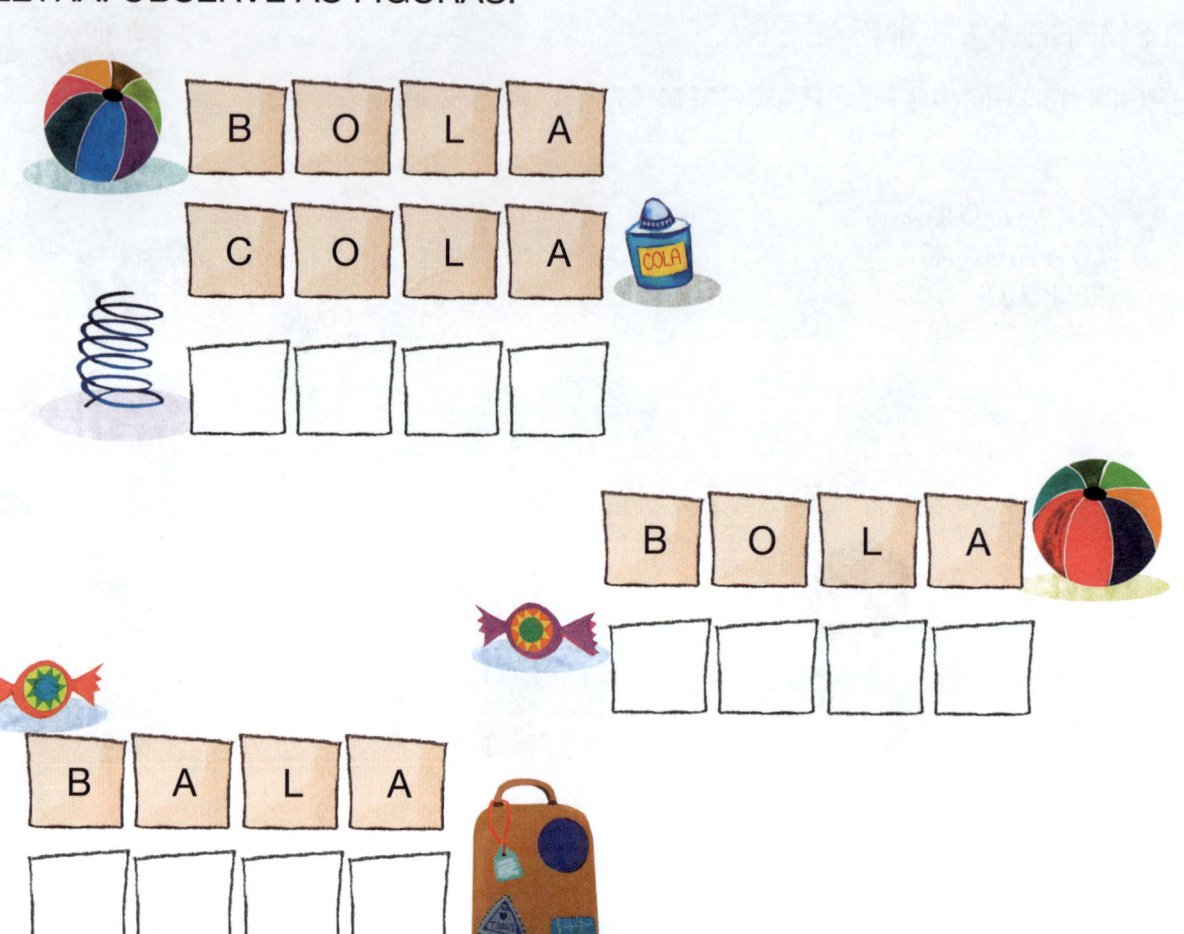

B O L A

C O L A

☐ ☐ ☐ ☐

B O L A

☐ ☐ ☐ ☐

B A L A

☐ ☐ ☐ ☐

B O N E C A

☐ ☐ ☐ ☐ ☐ ☐

M A C A C O

☐ ☐ ☐ ☐ ☐ ☐

OUVIR E ESCREVER

2 VOCÊ SE LEMBRA DAS SÍLABAS DA PALAVRA BONECA? PINTE CADA SÍLABA DE UMA COR.

BONECA

- AGORA, ESCREVA O NOME DAS FIGURAS SABENDO QUE EM CADA NOME APARECE PELO MENOS UMA DAS SÍLABAS DE **BONECA**.

TANTAS PALAVRAS

ESCREVA CORRETAMENTE ESTAS PALAVRAS QUE VOCÊ JÁ CONHECE.

- SEU NOME: _____

- O NOME DE DOIS COLEGAS:

  _____

  _____

- O NOME DE PESSOAS DA SUA FAMÍLIA:

  _____

  _____

47

BRINCAR E APRENDER

USE O QUE APRENDEU ATÉ AGORA!

1 O PROFESSOR VAI EXPLICAR COMO SE PULA CORDA RECITANDO ESTA PARLENDA.

SUCO GELADO
CABELO ARREPIADO
QUAL É A LETRA
DO SEU NAMORADO?
A B C D E F G H I J K L M
N O P Q R S T U V W X Y Z

DA TRADIÇÃO POPULAR.

2 ESCREVA AS LETRAS DO ALFABETO QUE ESTÃO FALTANDO.

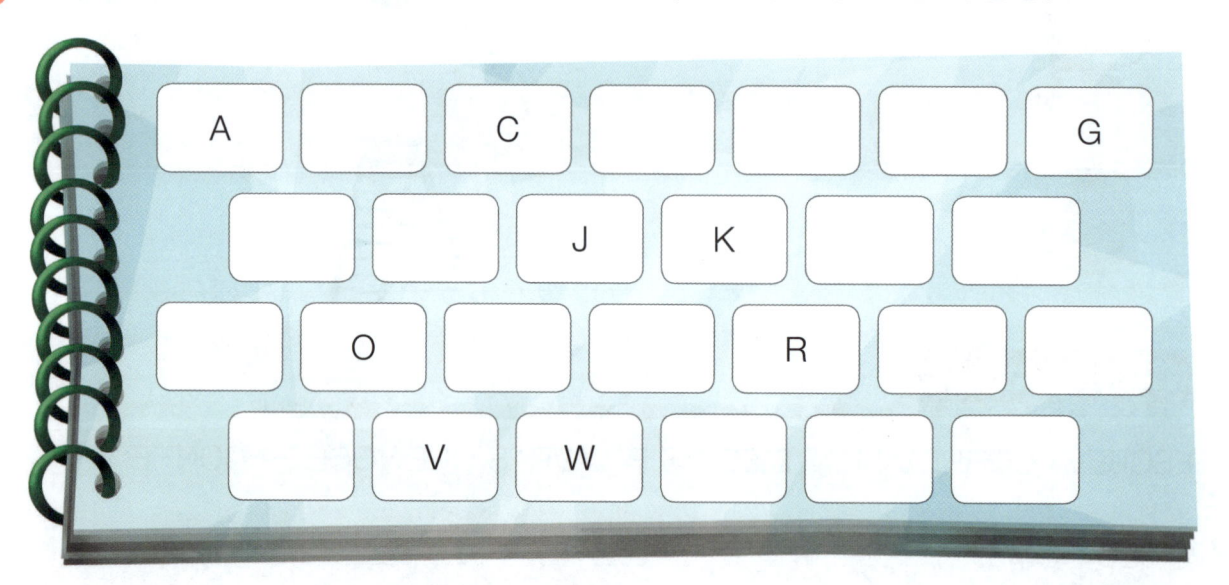

A _ C _ _ _ G
_ _ J K _ _
_ O _ _ R _ _
_ V W _ _ _

3 AJUDE MARIANA E CATARINA A ESCREVER OS NOMES.

CONSEGUI PULAR ATÉ A LETRA **M**. QUE NOME POSSO ESCREVER?

CONSEGUI PULAR ATÉ A LETRA **P**. ESCREVA UM NOME COM ESSA LETRA.

48

BRINCAR E APRENDER

4 MARQUE AS BRINCADEIRAS QUE O PROFESSOR VAI DITAR.

- CORRE CUTIA
- ALERTA
- PEGA-PEGA
- ESCONDE-ESCONDE
- QUEIMADA
- CABRA-CEGA
- PASSA ANEL
- BATATINHA FRITA

▶ O PROFESSOR VAI ORGANIZAR A CLASSE EM GRUPOS.

▶ VOCÊ E OS COLEGAS VÃO ESCOLHER UMA DAS BRINCADEIRAS ACIMA PARA EXPLICAR PARA TODA A CLASSE E DEPOIS BRINCAR NA HORA DO RECREIO.

DESTRAVANDO A LÍNGUA

- VAMOS APRENDER UM TRAVA-LÍNGUA.

> O SEU TATÁ TÁ? NÃO, O SEU TATÁ NÃO TÁ,
> MAS A MULHER DO SEU TATÁ TÁ.
> E, QUANDO A MULHER DO SEU TATÁ TÁ,
> É A MESMA COISA QUE O SEU TATÁ TÁ, TÁ?
>
> DA TRADIÇÃO POPULAR.

- COMPLETE O TEXTO COM AS PALAVRAS DO TRAVA-LÍNGUA.

O SEU TATÁ TÁ? NÃO, O SEU _____ NÃO TÁ,

MAS A MULHER DO SEU _____ TÁ.

E, QUANDO A _____ DO SEU _____ TÁ,

É A MESMA COISA QUE O SEU _____ TÁ, TÁ?

UNIDADE 3
EU IMAGINO UM CASTELO

- QUE CONSTRUÇÃO É ESTA?
- DO QUE ELA É FEITA?
- VOCÊ CONHECE ALGUM CASTELO?

CASTELO FEITO DE GELO, EM HARBIN, CONHECIDA COMO CIDADE DO GELO, NA CHINA (FOTO DE 2015).

PARA COMEÇAR

OS PRIMEIROS CASTELOS FORAM CONSTRUÍDOS HÁ MUITO TEMPO. MUITOS DELES FICAVAM EM LUGARES ALTOS E DISTANTES PARA GARANTIR A SEGURANÇA DE SEUS HABITANTES.

NESSES CASTELOS, VIVIAM O REI, A RAINHA, PRÍNCIPES E PRINCESAS, ALÉM DE CAVALEIROS, SOLDADOS E DIVERSOS CRIADOS PARA ATENDÊ-LOS.

ALBERTO DE STEFANO

AO LONGO DO TEMPO, VÁRIAS HISTÓRIAS DE PRÍNCIPES E PRINCESAS FORAM ESCRITAS. NESSAS HISTÓRIAS, OS CASTELOS MUITAS VEZES SÃO CHAMADOS DE PALÁCIOS.

PARA COMEÇAR

1 QUE PERSONAGENS DAS HISTÓRIAS DE CASTELOS VOCÊ CONHECE?

2 USE AS LETRAS MÓVEIS PARA ESCREVER O NOME DAS PERSONAGENS ABAIXO.

ÁUDIO
A GATA BORRALHEIRA

- AGORA, ENCONTRE NO QUADRO DE LETRAS OS NOMES QUE VOCÊ ESCREVEU COM AS LETRAS MÓVEIS.

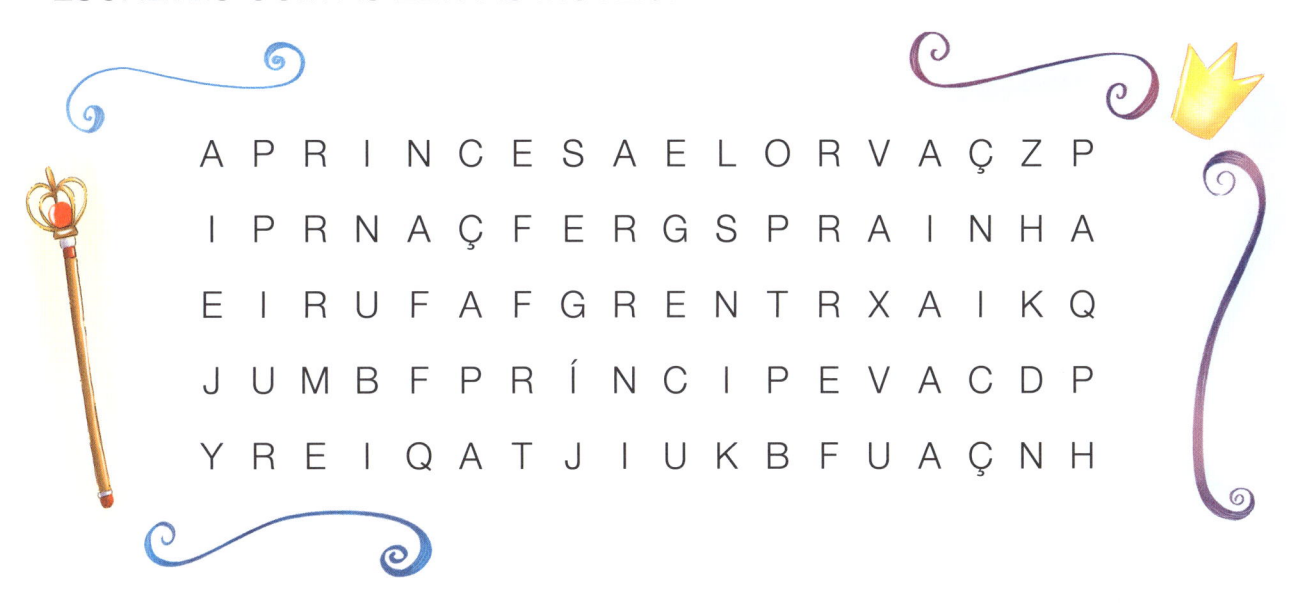

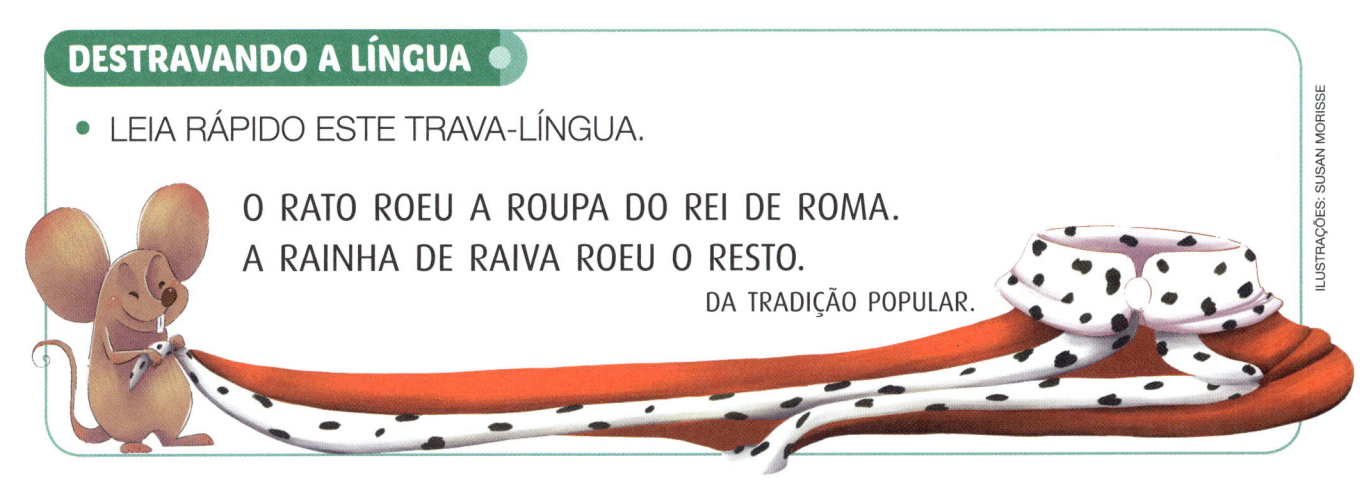

```
A P R I N C E S A E L O R V A Ç Z P
I P R N A Ç F E R G S P R A I N H A
E I R U F A F G R E N T R X A I K Q
J U M B F P R Í N C I P E V A C D P
Y R E I Q A T J I U K B F U A Ç N H
```

DESTRAVANDO A LÍNGUA

- LEIA RÁPIDO ESTE TRAVA-LÍNGUA.

O RATO ROEU A ROUPA DO REI DE ROMA.
A RAINHA DE RAIVA ROEU O RESTO.

DA TRADIÇÃO POPULAR.

TEXTO 1

ALGUMAS PARLENDAS SÃO FALADAS PARA A GENTE SE DIVERTIR. ESTA É UMA DELAS.

A BRUXA

ERA UMA BRUXA
À MEIA-NOITE
EM UM CASTELO
MAL-ASSOMBRADO
COM UMA FACA NA MÃO...
PASSANDO MANTEIGA NO PÃO.
PASSANDO MANTEIGA NO PÃO.

DA TRADIÇÃO POPULAR.

1. VOCÊ ACHA ESTA PARLENDA DIVERTIDA? OU ACHA ASSUSTADORA? POR QUÊ?

2. CIRCULE NO TEXTO UMA PALAVRA QUE VOCÊ JÁ CONHECE DESTA UNIDADE.

3. PARA VOCÊ, O QUE É UM CASTELO MAL-ASSOMBRADO?

4. ESCREVA O NOME DA PARLENDA.

_____

• POR QUE A PARLENDA TEM ESSE NOME?

5. ESCREVA AS PALAVRAS QUE RIMAM NA PARLENDA.

_____ RIMA COM _____.

TEXTO 1

6 AGORA É SUA VEZ!

- COM UM COLEGA, INVENTE NOVAS RIMAS.

ERA UMA BRUXA COM SUA PANELA

COMENDO BANANA COM _____.

ERA UMA BRUXA COM SEU CALDEIRÃO

FAZENDO SOPA DE _____.

ERA UMA BRUXA EM SUA VASSOURA

COMENDO BOLO DE _____.

7 MEMORIZE A PARLENDA **A BRUXA**.

- RECITE A PRIMEIRA PARTE MAIS DEVAGAR, COM PAUSAS, PARA CRIAR SUSPENSE.
- NOS DOIS ÚLTIMOS VERSOS, FALE NATURALMENTE IMITANDO O GESTO DE PASSAR MANTEIGA NO PÃO.

8 ESCREVA O NOME DE OUTRA PARLENDA QUE VOCÊ CONHECE.

_____

_____

COMUNICAÇÃO ORAL

VOCÊ SE LEMBRA DO CONTO **A CALÇA DO PEDRO**?

- AGORA, É A SUA VEZ DE CONTAR UMA HISTÓRIA. OS DESENHOS VÃO AJUDÁ-LO. A SUA HISTÓRIA PODE COMEÇAR ASSIM:

ERA UMA VEZ UMA PRINCESA
QUE MORAVA EM UM CASTELO.

> **ORGANIZE SEUS PENSAMENTOS** ANTES DE CONTAR SUA HISTÓRIA AOS COLEGAS.

UM DIA A PRINCESA FOI PASSEAR PELO BOSQUE...

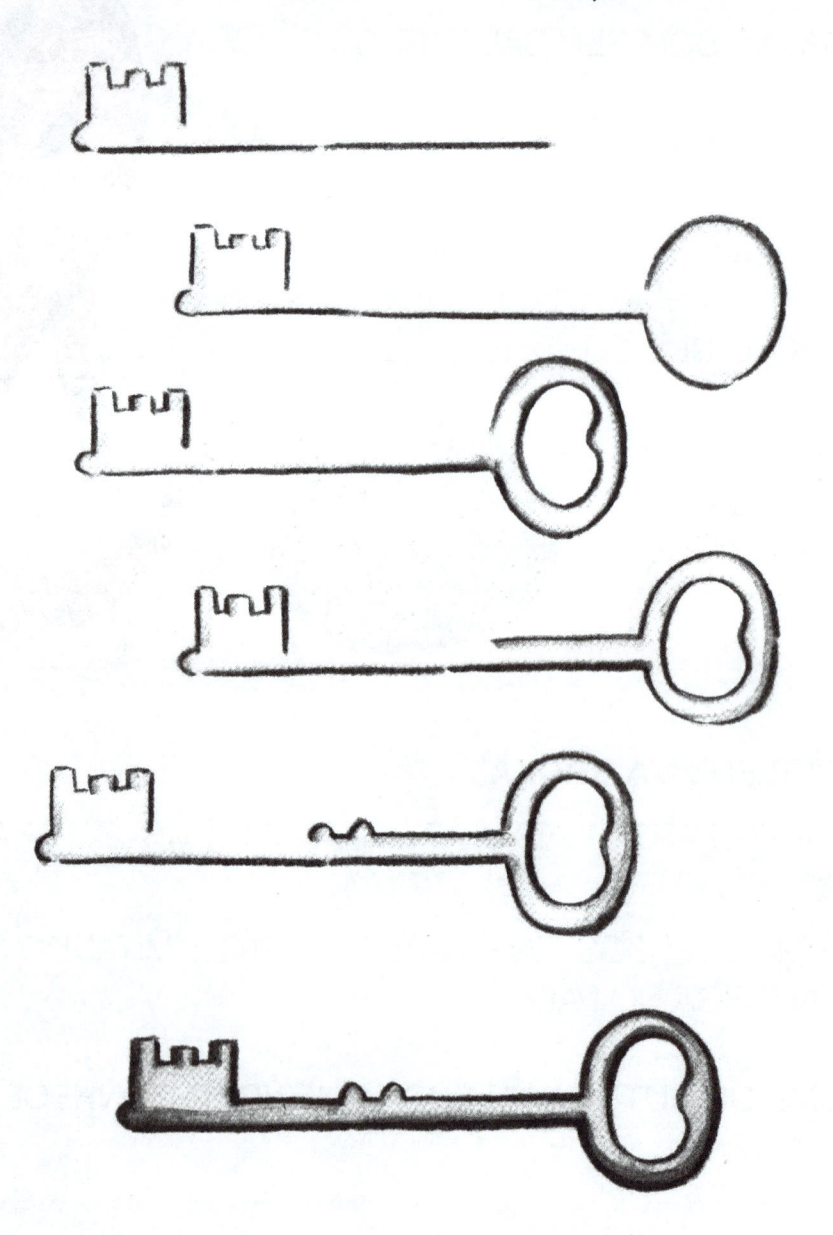

PER GUSTAVSSON. A CHAVE. *CONTOS DESENHADOS*.
ILUSTRAÇÕES DE BOEL WERNER. SÃO PAULO: CALLIS, 2005.

OUVIR E ESCREVER

1 FALE EM VOZ ALTA O NOME DAS FIGURAS ABAIXO.

- CIRCULE AS FIGURAS QUE TÊM O NOME TERMINANDO COM A MESMA SÍLABA FINAL DE **CASTELO**.
- COM A AJUDA DO PROFESSOR, ESCREVA O NOME DAS FIGURAS QUE VOCÊ CIRCULOU.

_____

_____

_____

- QUAL É A SÍLABA QUE SE REPETE NO FINAL DESSAS PALAVRAS?

2 CIRCULE AS SÍLABAS QUE SE REPETEM NESTAS PALAVRAS.

REI
REINO

CASTELO
MARTELO

PETECA
BIBLIOTECA

PANELA
JANELA

O PROFESSOR VAI LER UM CONTO MUITO ANTIGO REESCRITO POR KATIA CANTON.
SERÁ QUE VOCÊ JÁ OUVIU UMA HISTÓRIA PARECIDA?
ACOMODE-SE E APRECIE A LEITURA!

O JANTAR CRIADO PELO GATO DE BOTAS

UM HOMEM MORREU E DEIXOU A SEGUINTE HERANÇA PARA OS FILHOS: UM MOINHO PARA O MAIS VELHO, UM BURRO PARA O DO MEIO E UM GATO PARA O MAIS NOVO. "UM GATO? O QUE VOU FAZER COM ELE?", PERGUNTOU O MAIS JOVEM. MAS O BICHINHO ACABOU SE MOSTRANDO UM COMPANHEIRO E TANTO PARA SEU DONO... O GATO PEDIU A ELE UM PAR DE BOTAS E UM SACO. ASSIM QUE RECEBEU OS PERTENCES, ENCHEU O SACO E CORREU PARA DENTRO DA MATA. USOU O FARELO PARA CAÇAR UM COELHO E DEPOIS OFERECEU-O AO REI, MANDANDO DIZER QUE O PRESENTE ERA DE UM TAL MARQUÊS DE CARABÁS. SEGUIU FAZENDO O MESMO COM OUTROS ANIMAIS, SEMPRE PRESENTEANDO O REI.

UM DIA, SOUBE QUE O REI PASSARIA PELA FLORESTA DE CARRUAGEM COM SUA FILHA, ENTÃO CONVENCEU SEU DONO A TIRAR A ROUPA E ENTRAR NO RIO AO LADO. QUANDO O REI ESTAVA PASSANDO POR ALI, O GATO GRITOU: "SOCORRO, AJUDEM! O MARQUÊS DE CARABÁS ESTÁ SE AFOGANDO!". O REI PAROU E O GATO DISSE A ELE: "ALGUNS LADRÕES PASSARAM POR AQUI E ROUBARAM AS ROUPAS DO MEU SENHOR". ENTÃO, O REI MANDOU SEUS GUARDAS EMPRESTAREM ROUPAS REAIS AO MOÇO E CONVIDOU OS DOIS PARA SEGUIR COM ELE PELO PASSEIO NA CARRUAGEM.

TEXTO 2

O GATO, EM VEZ DE SE JUNTAR À EXCURSÃO, FOI CONVENCER OS AGRICULTORES DA REGIÃO A DIZER QUE TODAS AQUELAS TERRAS AO REDOR PERTENCIAM AO MARQUÊS DE CARABÁS. DEPOIS, PROVOCOU UM OGRO, DONO DE UM CASTELO QUE FICAVA ALI PERTO: "É VERDADE QUE UM OGRO CONSEGUE SE TRANSFORMAR EM OUTROS ANIMAIS? NUM LEÃO? NUM RATO?". E, NO MOMENTO EM QUE O OGRO VIROU UM RATO, O GATO O MATOU E SE APROPRIOU DO CASTELO. FEZ UM BELO JANTAR E, QUANDO O SEU DONO PASSOU POR ALI COM O REI E SUA FILHA, CONVIDOU TODOS PARA A REFEIÇÃO, QUE SERIA SERVIDA A CONVITE DO MARQUÊS DE CARABÁS. A ESSA ALTURA, O RAPAZ JÁ TINHA CONQUISTADO A PRINCESA, COM QUEM ACABOU SE CASANDO...

KATIA CANTON. *A COZINHA ENCANTADA DOS CONTOS DE FADAS*. SÃO PAULO: COMPANHIA DAS LETRINHAS, 2015. BASEADO NA VERSÃO DE CHARLES PERRAULT.

1 CIRCULE A IMAGEM QUE REPRESENTA A HERANÇA RECEBIDA PELO FILHO MAIS JOVEM.

- O QUE ELE ACHOU DE SUA HERANÇA?

TEXTO 2

2 O GATO ARMOU UM PLANO. O QUE ELE FEZ?

- NUMERE A SEQUÊNCIA DE AÇÕES DELE DE ACORDO COM O TEXTO.

☐ CONVENCEU SEU DONO A TIRAR A ROUPA E FINGIR TER SIDO ASSALTADO.

☐ ENGANOU O OGRO, MATOU-O E APODEROU-SE DE SEU CASTELO.

☐ CONVENCEU OS AGRICULTORES A DIZER QUE AS TERRAS PERTENCIAM AO MARQUÊS DE CARABÁS.

☐ PRESENTEOU O REI COM ANIMAIS CAÇADOS.

- QUEM O GATO DIZIA SER O SEU DONO?

_____

3 AFINAL, QUEM ERA O MARQUÊS DE CARABÁS?

_____

- O MARQUÊS DE CARABÁS EXISTIA OU FOI O GATO QUE INVENTOU ESSE TÍTULO DE NOBREZA PARA SEU DONO? EXPLIQUE POR QUÊ.

4 POR QUE O GATO ARMOU ESSE PLANO?

☐ PORQUE ELE QUERIA FICAR RICO.

☐ PORQUE QUERIA AJUDAR SEU DONO A TER UM CASTELO E A CASAR COM A PRINCESA.

- O PLANO DEU CERTO? ☐ SIM. ☐ NÃO.

5 QUEM É A PERSONAGEM PRINCIPAL DESSA HISTÓRIA?

_____

- QUEM SÃO AS OUTRAS PERSONAGENS?

COMUNICAÇÃO ESCRITA

ACABAMOS DE OUVIR A HISTÓRIA DO GATO DE BOTAS.

- VOCÊ E UM COLEGA VÃO ESCREVER UM BILHETE DO GATO PARA SEU DONO.

UM BILHETE PRECISA TER:
- ✓ NOME DA PESSOA QUE VAI RECEBER O BILHETE. NESTE CASO, VOCÊ PODE CHAMÁ-LO DE **MARQUÊS DE CARABÁS**.
- ✓ TEXTO BEM CURTO.
- ✓ NOME DE QUEM ESTÁ ESCREVENDO.
- ✓ DATA.

- ESCOLHAM UM DESTES ASSUNTOS PARA O BILHETE.
  - ✓ AVISAR QUE O REI E A PRINCESA ACEITARAM O CONVITE PARA O JANTAR.
  - ✓ CONVIDAR OS IRMÃOS MAIS VELHOS DO RAPAZ PARA O JANTAR.
- ESCREVAM O BILHETE E, DEPOIS, LEIAM-NO PARA OS OUTROS COLEGAS.

OUVIR E ESCREVER

1 DESTAQUE OS ADESIVOS DA FOLHA **K** E COLE-OS NOS LOCAIS CERTOS.

- DEPOIS, PINTE A ÚLTIMA SÍLABA DE CADA UMA DESSAS PALAVRAS.

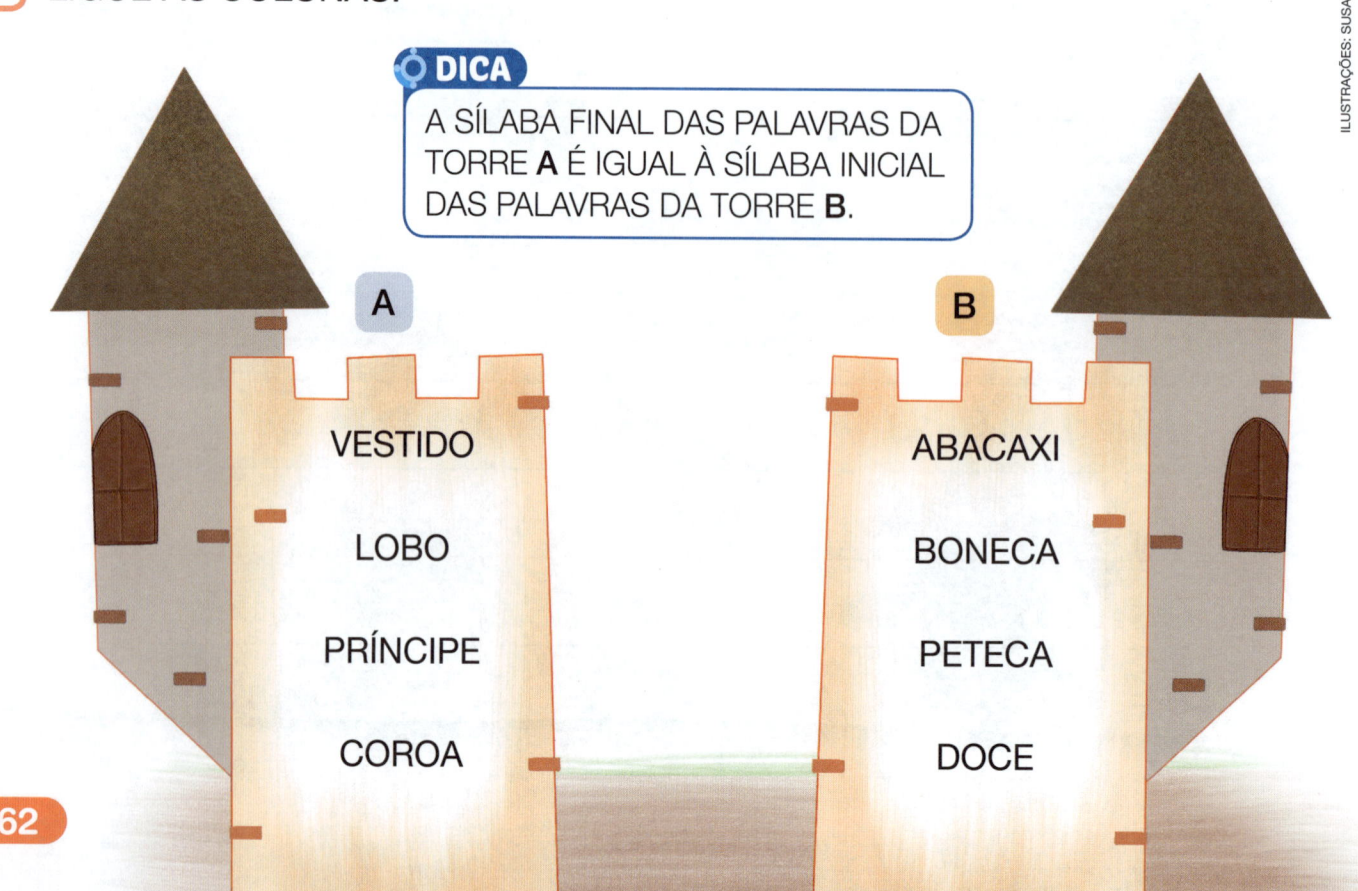

2 LIGUE AS COLUNAS.

> **DICA**
> A SÍLABA FINAL DAS PALAVRAS DA TORRE **A** É IGUAL À SÍLABA INICIAL DAS PALAVRAS DA TORRE **B**.

A
- VESTIDO
- LOBO
- PRÍNCIPE
- COROA

B
- ABACAXI
- BONECA
- PETECA
- DOCE

OUVIR E ESCREVER

3 OBSERVE A TIRINHA.

- OS DESENHOS DENTRO DOS BALÕES REPRESENTAM O QUE AS PERSONAGENS ESTÃO FALANDO.

4 CONVERSE COM OS COLEGAS.

- O QUE O PRÍNCIPE ESTÁ FALANDO NO PRIMEIRO QUADRINHO?
- O QUE ELE DIZ QUE VAI FAZER NO SEGUNDO QUADRINHO?
- O QUE A PRINCESA PEDE AO PRÍNCIPE?

5 AGORA, DESTAQUE OS ADESIVOS DA FOLHA **K** E COLE-OS NOS BALÕES DE FALA QUE CORRESPONDEM AOS DA TIRINHA.

6 CIRCULE O NOME DO OBJETO QUE A PRINCESA USA NA CABEÇA.

COROA   CARTOLA   CORAÇÃO

7 LEIA AS PALAVRAS ABAIXO COMPLETANDO-AS COM A SÍLABA QUE FALTA.

PE♥
♥DRO

CASTE★
CAS★LO
★TELO

PRÍNCI◆
PRÍN◆PE
◆CIPE

CATARI●
CATA●NA
●TARINA

OUVIR E ESCREVER

8 COMPLETE A CRUZADINHA USANDO O BANCO DE PALAVRAS.

→ P R Í N C I P E

3 LETRAS	4 LETRAS	5 LETRAS	6 LETRAS	7 LETRAS	8 LETRAS
RIO	FACA	COROA	RAINHA	CARTELA	PRÍNCIPE
REI	FOTO	CONTA	RANCHO	CASTELO	PARALELO
RUA	FADA	CRAVO	RAPOSA	CADEADO	PRESILHA

TANTAS PALAVRAS

- ESCREVA EM SUA LISTA DE PALAVRAS O NOME DE PERSONAGENS QUE GERALMENTE APARECEM EM HISTÓRIAS DE CASTELOS.

SAIBA MAIS!

PROTEÇÃO DOS CASTELOS

OS CASTELOS SÃO CONSTRUÇÕES MUITO BEM PROTEGIDAS CONTRA O ATAQUE DE INIMIGOS E A ENTRADA DE PESSOAS ESTRANHAS.

CONHEÇA ALGUMAS DESSAS FORMAS DE PROTEÇÃO.

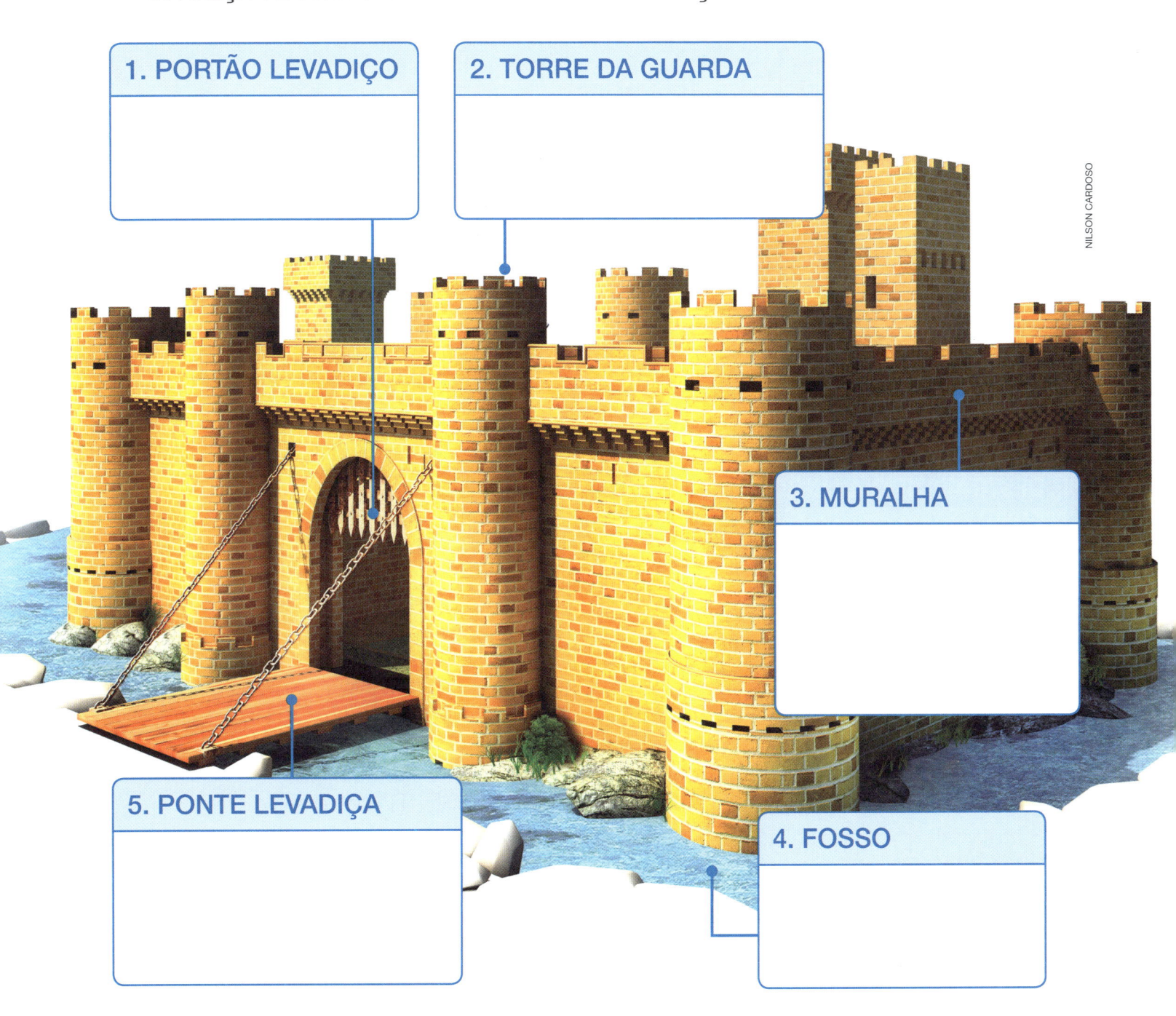

1. PORTÃO LEVADIÇO

2. TORRE DA GUARDA

3. MURALHA

4. FOSSO

5. PONTE LEVADIÇA

1 DESTAQUE AS LEGENDAS DA FOLHA **K**.

• COM UM COLEGA, LEIA AS INFORMAÇÕES DE CADA LEGENDA E COLE-AS NAS PARTES CORRESPONDENTES DO CASTELO.

SAIBA MAIS!

> ANIMAÇÃO
> UM CASTELO ENCANTADO

2 SIGA AS PISTAS E PINTE A PALAVRA CORRETA.

- MURO ALTO E LARGO QUE CERCA E PROTEGE O CASTELO.

   MACACO   MURALHA   MUDAVA

- DO ALTO DELA OS SOLDADOS AVISTAM OS INIMIGOS.

   TORTA   TOPETE   TORRE

- GRADE USADA PARA PROTEGER A ENTRADA DO CASTELO.

   PRATO   PORTÃO   PONTE

- CHEIO DE ÁGUA, RODEIA AS MURALHAS DO CASTELO.

   FOGO   POÇO   FOSSO

DESTRAVANDO A LÍNGUA

- VOCÊ CONSEGUE FALAR ESTE TRAVA-LÍNGUA SEM GAGUEJAR?

> O PEITO DO PÉ DO PAI DO PADRE PEDRO É PRETO.
>
> DA TRADIÇÃO POPULAR.

- QUAL É A LETRA INICIAL QUE MAIS SE REPETE NESSE TRAVA-LÍNGUA?

- COPIE AS PALAVRAS QUE COMEÇAM POR ESSA LETRA.

_____   _____

_____   _____

_____

- CIRCULE O NOME DO PADRE.

BRINCAR E APRENDER

LINCE DE PALAVRAS

- REÚNA-SE COM QUATRO COLEGAS.
- CADA UM DE VOCÊS DEVE ESCOLHER APENAS UMA DESTAS CORES.

- DESTAQUE, NAS FOLHAS **D**, OS MARCADORES DA COR QUE VOCÊ ESCOLHEU E AS CARTAS COM AS FIGURAS.
- UM COLEGA SORTEIA AS CARTAS COM AS FIGURAS.
- CADA JOGADOR DEVE PROCURAR RAPIDAMENTE, NO QUADRO ABAIXO, A PALAVRA CORRESPONDENTE À FIGURA SORTEADA.
- QUEM A ENCONTRAR PRIMEIRO COLOCA SEU MARCADOR SOBRE A PALAVRA.
- GANHA O JOGO QUEM TIVER ENCONTRADO O MAIOR NÚMERO DE PALAVRAS.

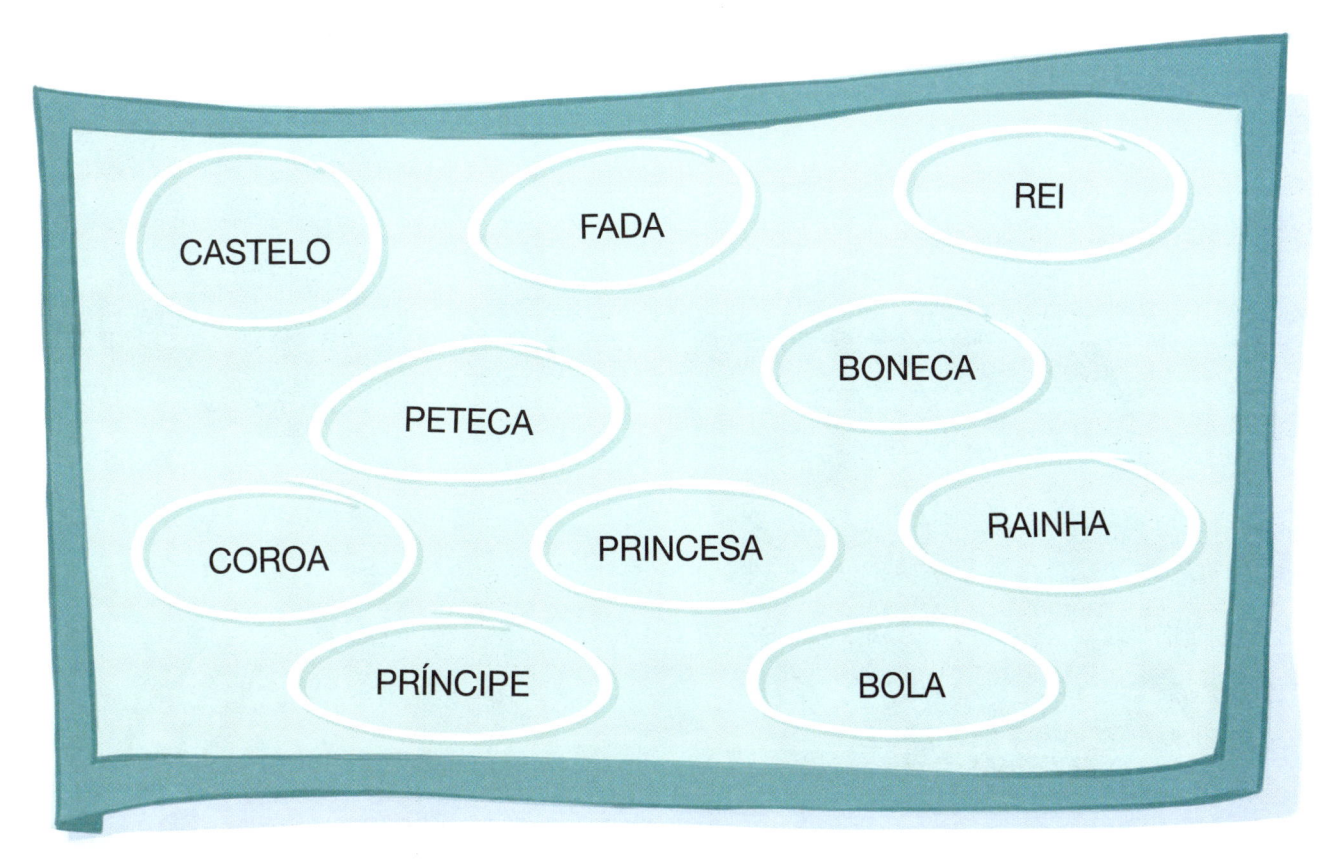

CASTELO   FADA   REI
        BONECA
    PETECA
COROA   PRINCESA   RAINHA
    PRÍNCIPE   BOLA

UNIDADE 4
EU GOSTO DE ANIMAIS

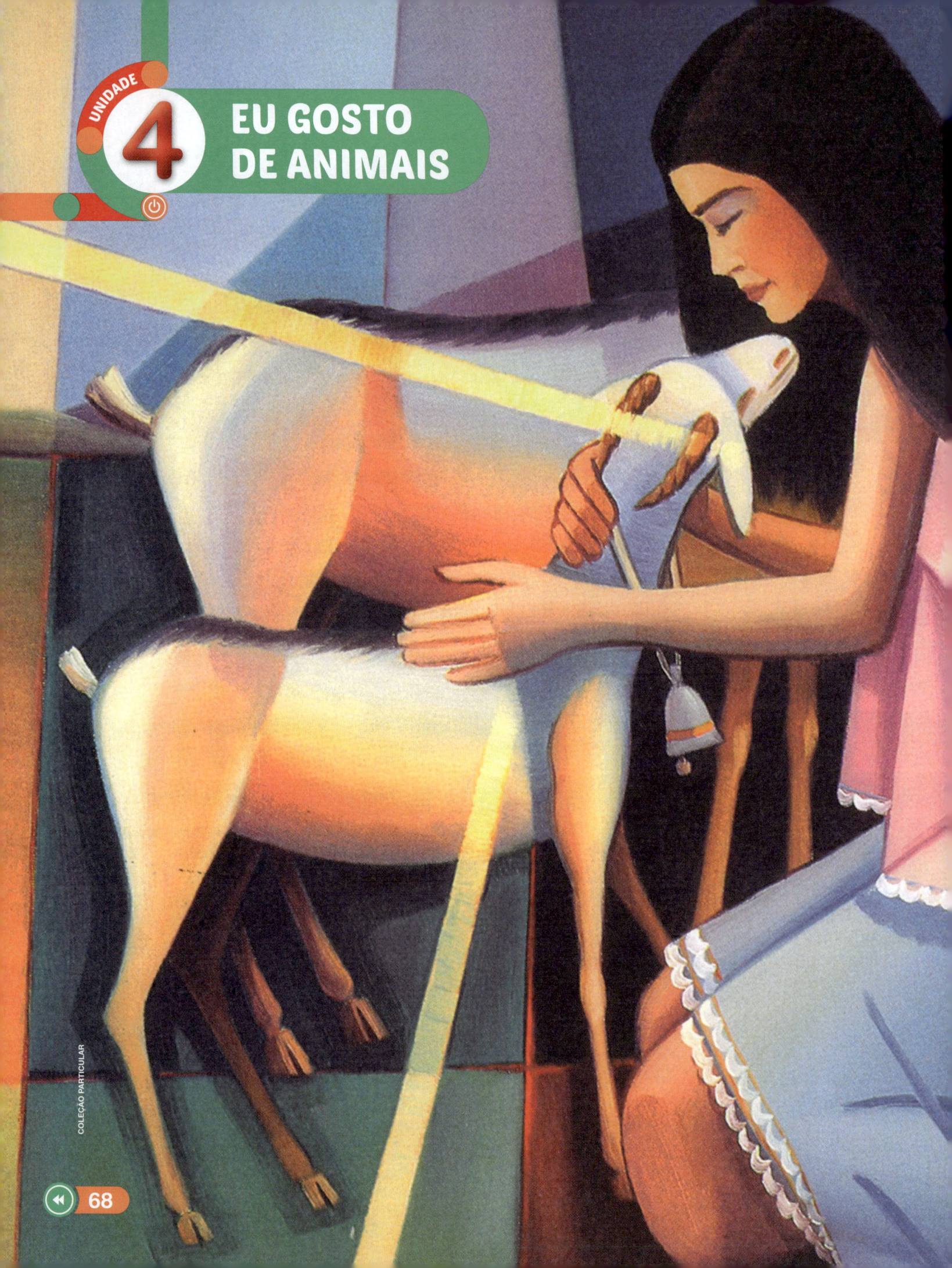

- O QUE A MENINA ESTÁ FAZENDO?
- QUE ANIMAIS ESTÃO À SUA VOLTA?
- O QUE VOCÊ OBSERVA NA IMAGEM ALÉM DOS ANIMAIS?
- VOCÊ TEM ALGUM ANIMAL DE ESTIMAÇÃO?
- QUAL É SEU ANIMAL PREFERIDO?

MOMENTO DE TERNURA, JURANDI ASSIS, 1998.

PARA COMEÇAR

MUITOS FILMES JÁ MOSTRARAM QUE RELACIONAMENTOS ENTRE AS PESSOAS E SEUS ANIMAIS DE ESTIMAÇÃO FORAM SUCESSO DE BILHETERIA E LEVARAM PLATEIAS ÀS LÁGRIMAS.

PESQUISAS E ESTUDOS FEITOS EM TODO O MUNDO DEMONSTRAM QUE A CONVIVÊNCIA COM OS ANIMAIS TRAZ TRANQUILIDADE E BEM-ESTAR ÀS PESSOAS.

UOL NOTÍCIAS. DISPONÍVEL EM: <HTTP://MOD.LK/PET_VIDA>. TEXTO ADAPTADO. ACESSO EM: 26 ABR. 2018.

1 VOCÊ GOSTA DE ANIMAIS? TEM OU JÁ TEVE ALGUM ANIMAL DE ESTIMAÇÃO?

- OBSERVE OS ANIMAIS ABAIXO.

- SIGA A NUMERAÇÃO E ESCREVA O NOME DE CADA ANIMAL.

1 _____

2 _____

3 _____

4 _____

5 _____

6 _____

PARA COMEÇAR

2 ALGUMAS PALAVRAS MUDAM DE SENTIDO QUANDO MODIFICAMOS UMA LETRA. OBSERVE.

L ULA   **M** ULA

- ESCREVA AS LETRAS QUE O PROFESSOR VAI DITAR.

- ESCOLHA TRÊS DESSAS LETRAS PARA COMPLETAR AS PALAVRAS ABAIXO.
- DEPOIS, PINTE AS FIGURAS.

☐ ATO   ☐ ATO   ☐ ATO

3 ENCONTRE ESTAS PALAVRAS NO QUADRO DE LETRAS E CIRCULE-AS.

SELOS
PELOS
GELOS

G	P	E	L	O	S	U	I	Z	Y
E	U	B	N	S	E	L	O	S	L
N	Q	P	O	M	O	V	I	O	B
G	E	L	O	S	K	O	M	X	S
F	A	M	G	E	L	W	A	E	B

71

TEXTO 1

OBSERVE AS ILUSTRAÇÕES DESTE POEMA. VOCÊ IMAGINA DO QUE ELE TRATA?

ACOMPANHE A LEITURA DO PROFESSOR.

UM POEMA PARA OS INSETOS

LOUVA-A-DEUS É LUTADOR
DE CARATÊ E JUDÔ.

ARANHA PENDURADA NA TEIA
BRINCA DE IOIÔ.

BARATA, VELOZ E RASTEIRA,
IMITA CARRINHO DE ROLIMÃ.

BORBOLETA EXISTE
PARA ENFEITAR A MANHÃ.

ONDE O PERNILONGO
APRENDEU A TOCAR VIOLINO?

ONDE A JOANINHA
ESCOLHEU SEU FIGURINO?

MARIPOSA SE ALIMENTA
DE LUZ.

TODA FORMIGA
CARREGA SUA CRUZ.

LALAU E LAURABEATRIZ. *ELEFANTE, CHAPÉU E MELANCIA: EM TUDO TEM POESIA!* SÃO PAULO: DCL, 2011.

1 COM A AJUDA DO PROFESSOR, RELEIA O POEMA.

2 POR QUE O POETA FAZ ESTAS PERGUNTAS?
- ONDE O PERNILONGO APRENDEU A TOCAR VIOLINO?
- ONDE A JOANINHA ESCOLHEU SEU FIGURINO?

3 QUE PALAVRAS DO POEMA TERMINAM COM SONS PARECIDOS?

• CIRCULE ESSAS PALAVRAS NO TEXTO.

4 COPIE DO POEMA A PALAVRA QUE RIMA COM **MANHÃ**.

_____

5 FALE EM VOZ ALTA O NOME DESTAS FIGURAS.

• DEPOIS, PINTE AS QUE TÊM O NOME QUE RIMA COM **FIGURINO**.

6 ESCREVA O NOME DESTES INSETOS.

_____

_____

_____

• ESCREVA PALAVRAS QUE RIMAM COM AS QUE VOCÊ ESCREVEU.

_____

_____

COMUNICAÇÃO ORAL

ÁUDIO
MAR

- O PROFESSOR VAI ORGANIZAR A CLASSE EM GRUPOS PARA QUE APRESENTEM CURIOSIDADES SOBRE ALGUNS ANIMAIS.

- ESCOLHAM UM ANIMAL MARINHO DAS FOLHAS M, MAS NÃO DESTAQUEM O ADESIVO.

- DEPOIS, COM A AJUDA DO PROFESSOR E DOS COLEGAS, OS GRUPOS PESQUISAM INFORMAÇÕES A RESPEITO DO ANIMAL ESCOLHIDO.

- A PESQUISA PODE SER FEITA NA BIBLIOTECA, NA INTERNET OU COM PESSOAS QUE CONHEÇAM O ANIMAL ESCOLHIDO.

- ESCOLHAM AS INFORMAÇÕES QUE ACHAM MAIS INTERESSANTES E COPIEM-NAS EM UMA FOLHA AVULSA.

- SE QUISEREM, FAÇAM DESENHOS PARA ILUSTRAR AS INFORMAÇÕES, COMO O MODELO.

OS FILHOTES DE PANDA-GIGANTE QUASE NÃO TÊM PELOS QUANDO NASCEM.

FERNANDO DE SOUZA

- PARA APRESENTAR SUA PESQUISA, O GRUPO DEVE FICAR DIANTE DA CLASSE, FALAR DEVAGAR E PRONUNCIAR COM CLAREZA AS PALAVRAS.

- CADA COMPONENTE DO GRUPO APRESENTA UMA DAS CURIOSIDADES ESCOLHIDAS.

- MOSTREM OS DESENHOS QUE FIZERAM ENQUANTO APRESENTAM A CURIOSIDADE.

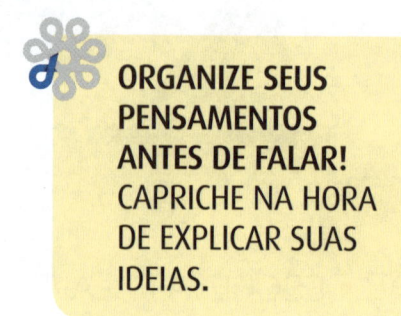

ORGANIZE SEUS PENSAMENTOS ANTES DE FALAR! CAPRICHE NA HORA DE EXPLICAR SUAS IDEIAS.

OUVIR E ESCREVER

1 DESCUBRA A PALAVRA ESCONDIDA DENTRO DO NOME DESTES ANIMAIS E ESCREVA-A.

GOLFINHO

FALCÃO

2 CONHEÇA ALGUMAS ESPÉCIES DE TUBARÃO.

- FORME OS NOMES COMO NO MODELO.

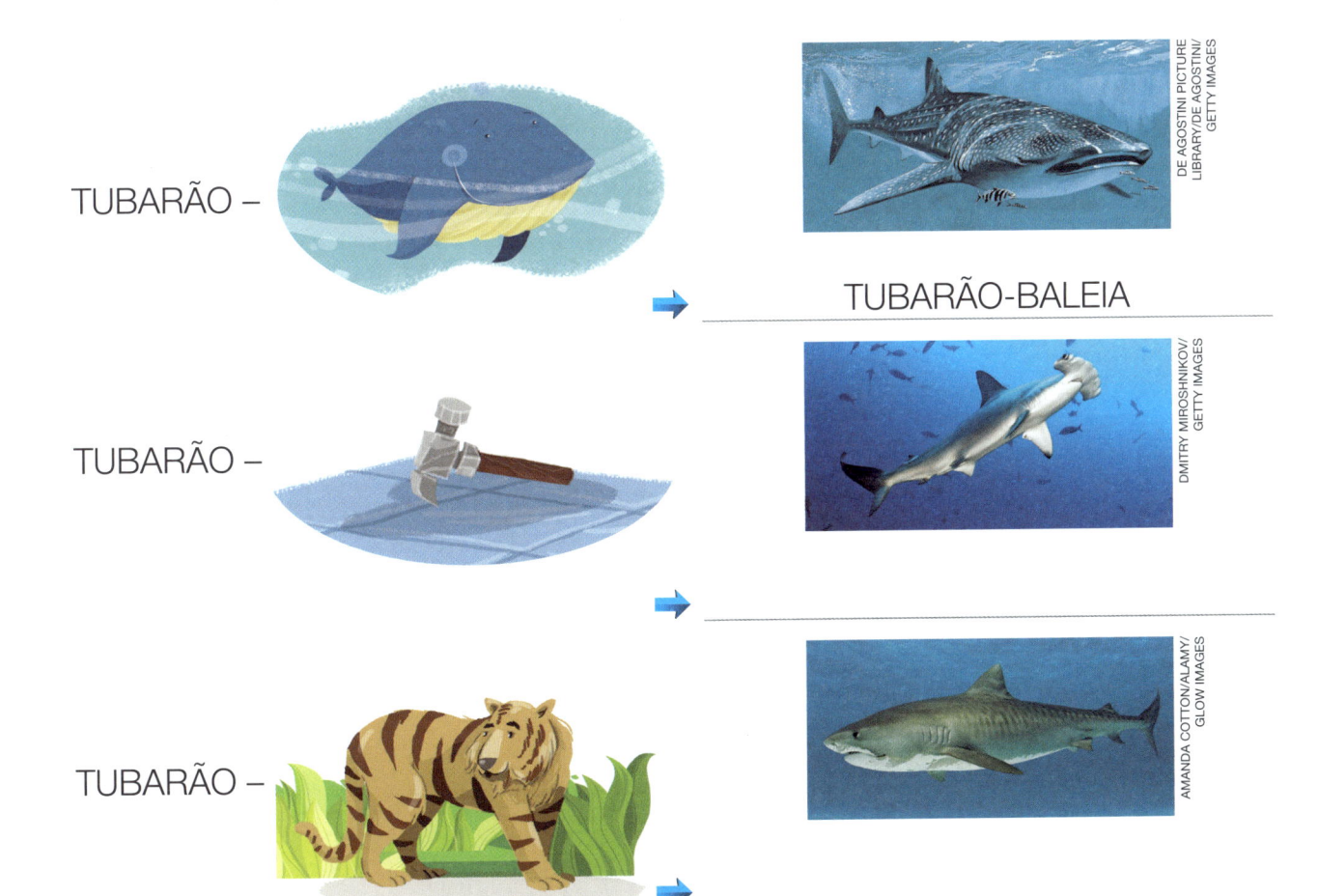

TUBARÃO – ➡ TUBARÃO-BALEIA

TUBARÃO – ➡ _____

TUBARÃO – ➡ _____

75

OUVIR E ESCREVER

3 ESCREVA O NOME DAS FIGURAS.

- DEPOIS, ENCONTRE UMA PALAVRA DENTRO DE CADA NOME.

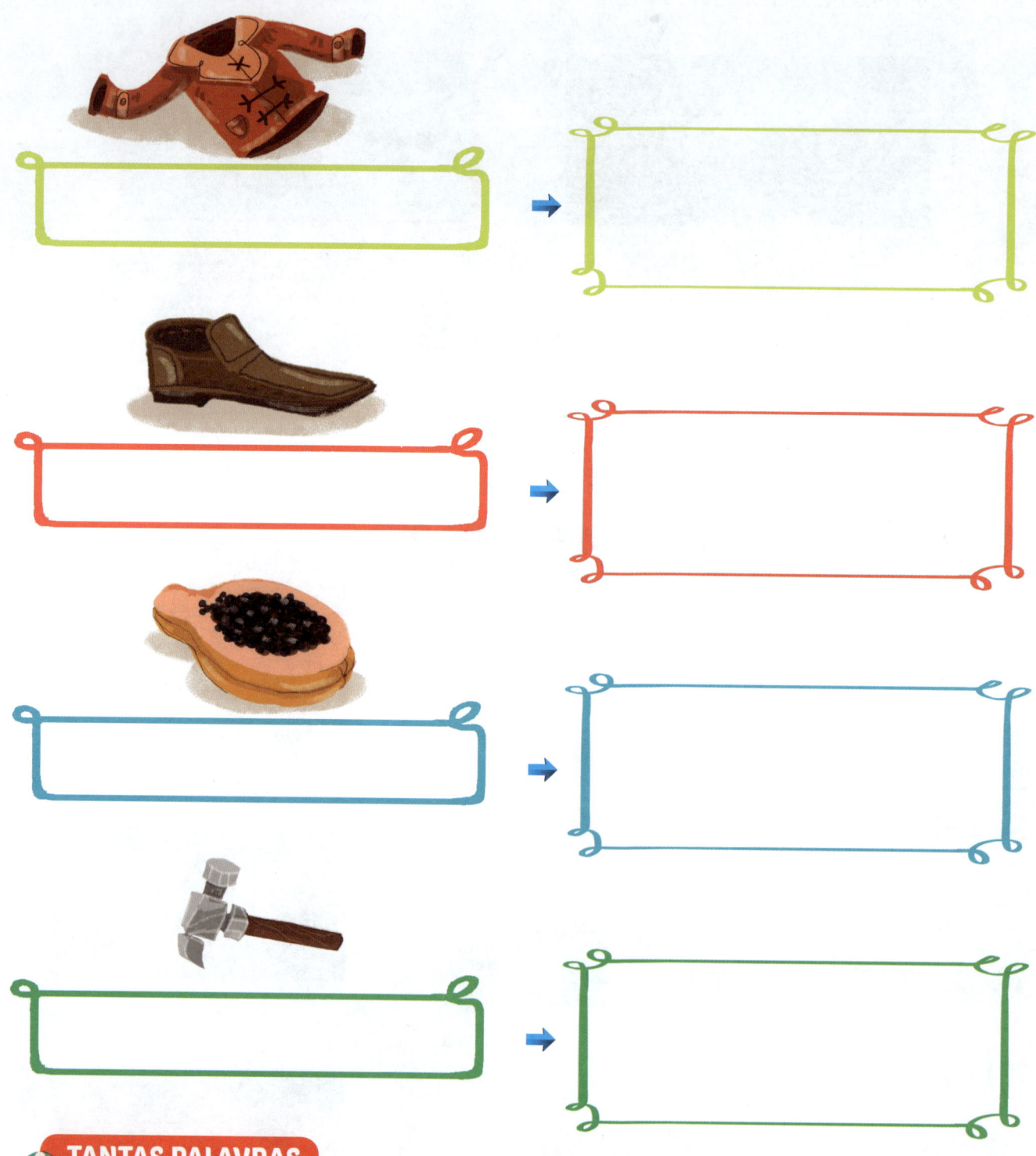

TANTAS PALAVRAS

- COPIE ESSAS PALAVRAS EM SUA LISTA.
- ACRESCENTE OUTRAS QUE TAMBÉM TENHAM PALAVRAS ESCONDIDAS DENTRO DELAS.

OUVIR E ESCREVER

DESTRAVANDO A LÍNGUA

- LEIA O TRAVA-LÍNGUA EM VOZ ALTA E BEM RÁPIDO.

OLHA O SAPO DENTRO DO SACO.
O SACO COM O SAPO DENTRO.
O SAPO BATENDO PAPO
E O PAPO SOLTANDO VENTO.

DA TRADIÇÃO POPULAR.

- AGORA, COMPLETE A CRUZADINHA COM PALAVRAS DO TRAVA-LÍNGUA.

TEXTO 2

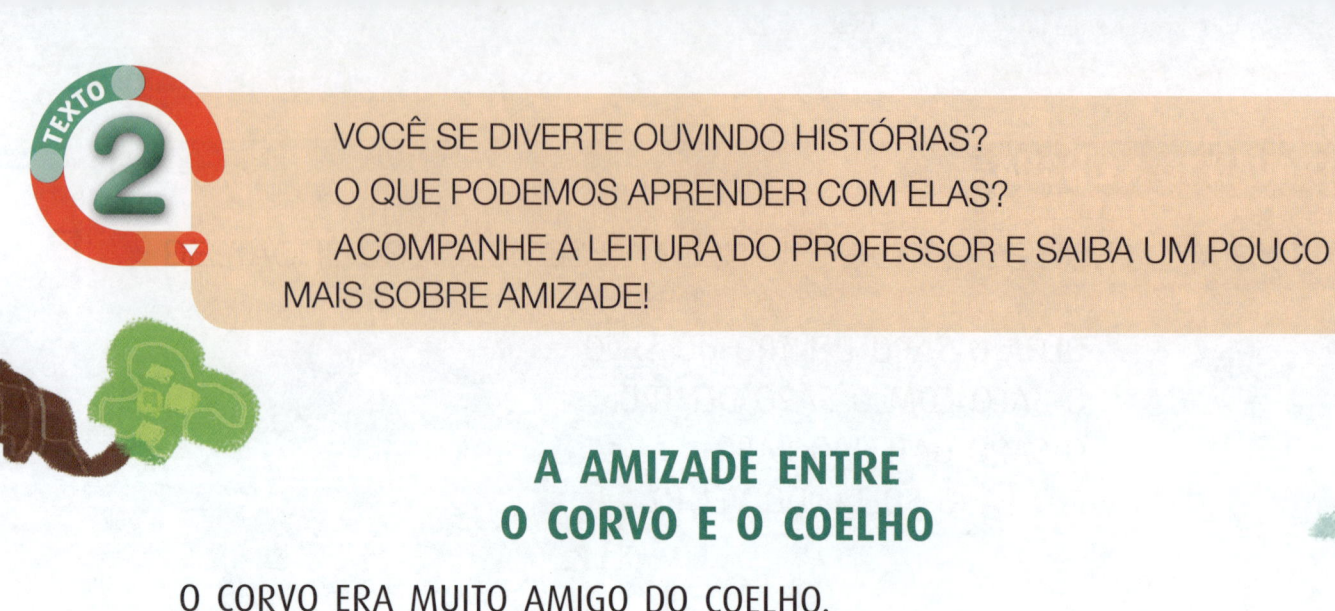

VOCÊ SE DIVERTE OUVINDO HISTÓRIAS?
O QUE PODEMOS APRENDER COM ELAS?
ACOMPANHE A LEITURA DO PROFESSOR E SAIBA UM POUCO MAIS SOBRE AMIZADE!

A AMIZADE ENTRE O CORVO E O COELHO

O CORVO ERA MUITO AMIGO DO COELHO.

COMBINARAM, UM DIA, QUE CADA UM DELES TRANSPORTASSE O COMPANHEIRO ÀS COSTAS, INDO DE POVOADO EM POVOADO, PARA MOSTRAR ÀS PESSOAS A AMIZADE QUE OS UNIA.

O CORVO COMEÇOU A CARREGAR O COELHO. ANDOU COM ELE ÀS COSTAS PELAS ALDEIAS E AS PESSOAS QUE O VIAM PERGUNTAVAM-LHE:

— Ó, CORVO, QUE TRAZES TU AÍ?

— TRAGO UM AMIGO MEU QUE ACABA DE CHEGAR DE NAMANDICHA. PASSOU ASSIM COM ELE POR MUITAS TERRAS.

TEXTO 2

CHEGOU DEPOIS A VEZ DE SER O COELHO A CARREGAR O CORVO. AO PASSAR POR UMA ALDEIA, OS MORADORES PERGUNTARAM-LHE:

— Ó, COELHO, QUE TRAZES TU ÀS COSTAS?

— ORA, ORA, TRAGO PENAS, PENUGEM E UM GRANDE BICO — RESPONDEU, A TROÇAR, O COELHO.

O CORVO NÃO GOSTOU QUE O COMPANHEIRO O GOZASSE DAQUELA MANEIRA, SALTOU LOGO PARA O CHÃO E DEIXARAM DE SER AMIGOS.

CONTOS AFRICANOS.
DISPONÍVEL EM: <HTTP://MOD.LK/MURALAFR>.
TEXTO ADAPTADO. ACESSO EM: 27 ABR. 2018.

1. CIRCULE NO TÍTULO DO TEXTO OS NOMES DAS PERSONAGENS DO CONTO.

2. O QUE AS PERSONAGENS COMBINARAM? PINTE A ☆ COM A RESPOSTA.

☆ QUE UMA CARREGARIA A OUTRA.

☆ QUE VIAJARIAM SEPARADAMENTE.

TEXTO 2

3 COMO CADA PERSONAGEM APRESENTAVA A OUTRA QUANDO ALGUÉM PERGUNTAVA?

- DESTAQUE OS ADESIVOS DA FOLHA L E COLE NOS BALÕES.

4 COMO TERMINOU A HISTÓRIA? SUBLINHE AS RESPOSTAS.

O CORVO FOI EMBORA.

O COELHO FOI EMBORA.

OS DOIS FORAM EMBORA JUNTOS.

DEIXARAM DE SER AMIGOS.

5 CONVERSE COM OS COLEGAS.
- O COELHO ERA AMIGO DO CORVO DO MESMO MODO QUE O CORVO ERA AMIGO DO COELHO?
- NA SUA OPINIÃO, ELES ERAM AMIGOS DE VERDADE?
- POR QUE A AMIZADE ACABOU?
- VOCÊ JÁ TERMINOU UMA AMIZADE? SE ISSO JÁ ACONTECEU, CONTE COMO FOI.

ILUSTRAÇÕES: FABIANA SALOMÃO

COMUNICAÇÃO ESCRITA

- QUE TAL APRENDER ALGUMAS CURIOSIDADES SOBRE A PREGUIÇA, O TATU-CANASTRA E O TAMANDUÁ-BANDEIRA?
- ACOMPANHE A LEITURA DOS TEXTOS PELO PROFESSOR.

CURIOSIDADES

A PREGUIÇA FAZ XIXI E COCÔ APENAS UMA OU DUAS VEZES POR SEMANA.

OS BURACOS CAVADOS PELO TATU-CANASTRA SÃO USADOS COMO ABRIGO POR VÁRIAS OUTRAS ESPÉCIES DE ANIMAIS.

O TAMANDUÁ-BANDEIRA É A MAIOR ESPÉCIE QUE EXISTE DE TAMANDUÁ E PODE CHEGAR A PESAR 40 QUILOS.

CIÊNCIA HOJE DAS CRIANÇAS, N. 284. NOV. 2016. TEXTO ADAPTADO.

COMUNICAÇÃO ESCRITA

- VOCÊ JÁ CONHECIA ESSAS CURIOSIDADES?
- AGORA, REÚNA-SE COM SEU GRUPO E ESCOLHAM UMA DESSAS CURIOSIDADES PARA ESCREVER UM **VOCÊ SABIA?**.
- ESCREVA AQUI, DA MELHOR FORMA QUE CONSEGUIR, A INFORMAÇÃO ESCOLHIDA POR SEU GRUPO.

VOCÊ SABIA?

_____
_____
_____
_____
_____
_____
_____
_____
_____
_____

SIGAM AS DICAS!

✔ ESCOLHAM UM COLEGA DO GRUPO PARA PASSAR A LIMPO ESSA CURIOSIDADE EM UMA FOLHA À PARTE.

✔ DEPOIS, TODOS OS GRUPOS COLOCAM AS FOLHAS NO MURAL DA SALA.

✔ VOCÊS TAMBÉM PODEM FAZER UMA EXPOSIÇÃO DAS CURIOSIDADES NO MURAL DA BIBLIOTECA DA ESCOLA.

OUVIR E ESCREVER

1 FALE EM VOZ ALTA O NOME DESTAS FIGURAS.

- A SÍLABA DE UMA PALAVRA O AJUDA A ESCREVER OUTRA.

PEDRO →

BOLA →

BONECA →

CASTELO →

2 FALE EM VOZ ALTA O NOME DESTAS OUTRAS FIGURAS.

- ESCREVA O NOME DE CADA UMA DELAS.
- CIRCULE A PARTE DAS PALAVRAS EM QUE SE PRONUNCIA A MESMA SÍLABA INICIAL DE **MACACO**.

83

OUVIR E ESCREVER

3 ESCREVA O NOME DESTAS FIGURAS.

_____   _____

- ESSAS PALAVRAS COMEÇAM COM A SÍLABA ☐ .

4 ESCREVA O NOME QUE CORRESPONDE A CADA FIGURA.

- ESSAS PALAVRAS COMEÇAM COM A SÍLABA ☐ .

5 ESCREVA AS PALAVRAS QUE O PROFESSOR VAI DITAR.

- ELAS COMEÇAM COM A SÍLABA INICIAL DE CADA FIGURA.

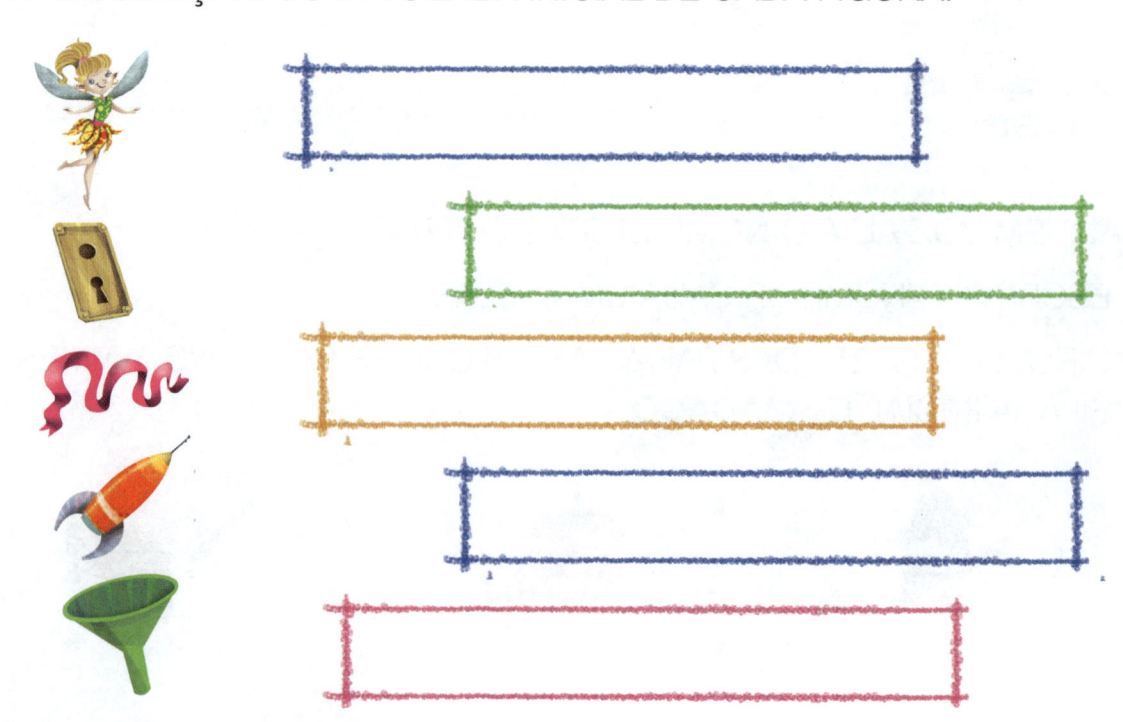

SAIBA MAIS!

FILHOTE DE PANDA-GIGANTE

AO NASCER, UM FILHOTE DE PANDA-GIGANTE É MENOR QUE A MÃO DE UMA CRIANÇA.

ELE É INTEIRINHO BRANCO, QUASE NÃO TEM PELOS E SEUS OLHOS SÃO COMPLETAMENTE FECHADOS.

ELE CRESCE RAPIDAMENTE E COM SEIS SEMANAS DE VIDA JÁ PODE SAIR DE SEU ESCONDERIJO E SEGUIR SUA MÃE. COM SEIS MESES DE IDADE, ELE JÁ COME SEU ALIMENTO PREFERIDO — O BAMBU.

STEVE PARKER. *EU AMO FILHOTES: CURIOSIDADES INCRÍVEIS*. TRADUÇÃO DE SILMAR S. C. ANELLI. SÃO PAULO: CIRANDA CULTURAL, 2008.

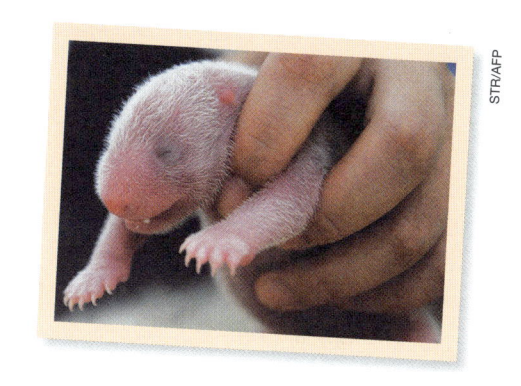

1 PINTE AS PALAVRAS QUE RESPONDEM ÀS PERGUNTAS.

- COMO É UM FILHOTE DE PANDA-GIGANTE QUANDO NASCE?

    PEQUENO   GRANDE

- QUAL É A COR DO FILHOTE DE PANDA-GIGANTE AO NASCER?

    PRETA   BRANCA

- QUAL É O ALIMENTO PREFERIDO DO FILHOTE DE PANDA-GIGANTE?

    LEITE   MEL   BAMBU

2 COMO É O CRESCIMENTO DO FILHOTE DE PANDA-GIGANTE?

85

BRINCAR E APRENDER

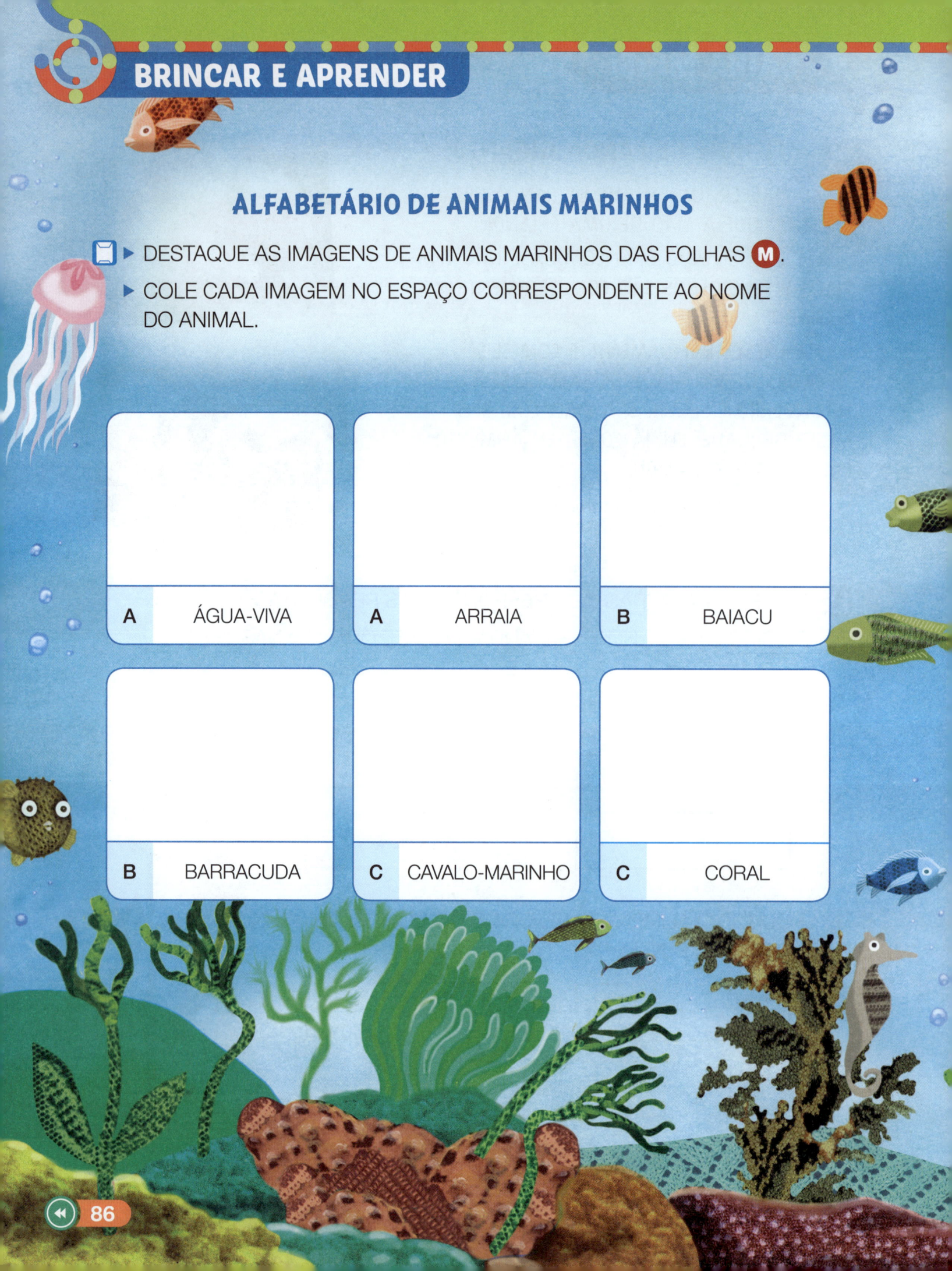

ALFABETÁRIO DE ANIMAIS MARINHOS

▶ DESTAQUE AS IMAGENS DE ANIMAIS MARINHOS DAS FOLHAS M.

▶ COLE CADA IMAGEM NO ESPAÇO CORRESPONDENTE AO NOME DO ANIMAL.

| A — ÁGUA-VIVA | A — ARRAIA | B — BAIACU |
| B — BARRACUDA | C — CAVALO-MARINHO | C — CORAL |

BRINCAR E APRENDER

D DOURADO-DO-MAR	E ESTRELA-DO-MAR	G GAROUPA
L LESMA-DO-MAR	M MOREIA	O OSTRA
O OURIÇO-DO-MAR	P PEIXE-BORBOLETA	P PEIXE-PALHAÇO
S SARDINHA	T TARTARUGA MARINHA	X XARÉU

ILUSTRAÇÃO: SANDRA LAVANDEIRA

UNIDADE 5
EU FAÇO FESTA

GALERIA JACQUES ARDIES, SÃO PAULO

FESTA DE ANIVERSÁRIO, DE HELENA COELHO, 2008.

- AS PESSOAS ESTÃO COMEMORANDO O QUÊ?
- QUEM É O HOMENAGEADO?
- QUAL É A IDADE DA PESSOA HOMENAGEADA?

PARA COMEÇAR

1 DESCUBRA CURIOSIDADES SOBRE AS FESTAS JUNINAS TROCANDO AS FIGURAS PELAS LETRAS NO TEXTO ABAIXO.

A = ☺   C = ♥   D = ◯   E = ✺   F = ♦   H = ■   I = ▲   L = ◆

M = ⬢   O = ●   Q = 💣   R = 💧   S = 🚩   T = ★   U = ❀

A _F_ _E_ _S_ _T_ _A_ JUNINA

É UMA COMEMORAÇÃO MUITO ANTIGA. ELA FOI

TRAZIDA PARA O BRASIL PELOS PORTUGUESES.

COM INÍCIO NO DIA 12 DE JUNHO E

TÉRMINO NO DIA 29 DE JUNHO, ESSA FESTA

TEM MUITA _C_ _O_ _M_ _I_ _D_ _A_

TÍPICA, BRINCADEIRAS E BANDEIRINHAS.

A _Q_ _U_ _A_ _D_ _R_ _I_ _L_ _H_ _A_

TAMBÉM NÃO PODE FALTAR!

- AGORA, LEIA O TEXTO COM O PROFESSOR.

TANTAS PALAVRAS

- ESCREVA EM SUA LISTA AS PALAVRAS **FESTA** E **QUADRILHA**.

PARA COMEÇAR

2 A FESTA JUNINA É MUITO POPULAR NO BRASIL. OBSERVE ALGUNS ELEMENTOS QUE NÃO PODEM FALTAR NESSA FESTA.

ATIVIDADE INTERATIVA
FESTA JUNINA

ARRAIAL — BARRACAS — BANDEIRINHAS — CHAPÉU — QUADRILHA

DIOGO SAITO

- PINTE O NOME DO LUGAR ONDE É REALIZADA A MAIORIA DAS FESTAS JUNINAS.

    BARRACA   ARRAIAL   QUADRILHA

- COPIE O NOME DA DANÇA TÍPICA DA FESTA JUNINA.

_____

91

PARA COMEÇAR

3 O QUE É, O QUE É?

DEIXO A FESTA BONITA
O VENTO FAZ BALANÇAR
SOU DE CORES VARIADAS
VOCÊ VAI ME COLAR.

DA TRADIÇÃO POPULAR.

- EU SOU A _____.

DESTRAVANDO A LÍNGUA

- APRENDA ESTE TRAVA-LÍNGUA E, DEPOIS, RECITE-O PARA SEUS COLEGAS.

O TEMPO PERGUNTOU PRO TEMPO
QUANTO TEMPO O TEMPO TEM.
O TEMPO RESPONDEU PRO TEMPO
QUE O TEMPO TEM TANTO TEMPO
QUANTO TEMPO O TEMPO TEM.

DA TRADIÇÃO POPULAR.

- VOCÊ JÁ APRENDEU MUITOS TRAVA-LÍNGUAS. ESCOLHA AQUELE DE QUE MAIS GOSTOU E ESCREVA-O.

_____
_____
_____
_____

PARA COMEÇAR

4 ENCONTRE TRÊS PALAVRAS ESCONDIDAS E PINTE A CASINHA DE BONECAS.

Palavras visíveis na casinha: BNA, GATO, ABCD, BONECA, MNO, LDR, SAPATO

- COPIE AS PALAVRAS QUE VOCÊ ENCONTROU.

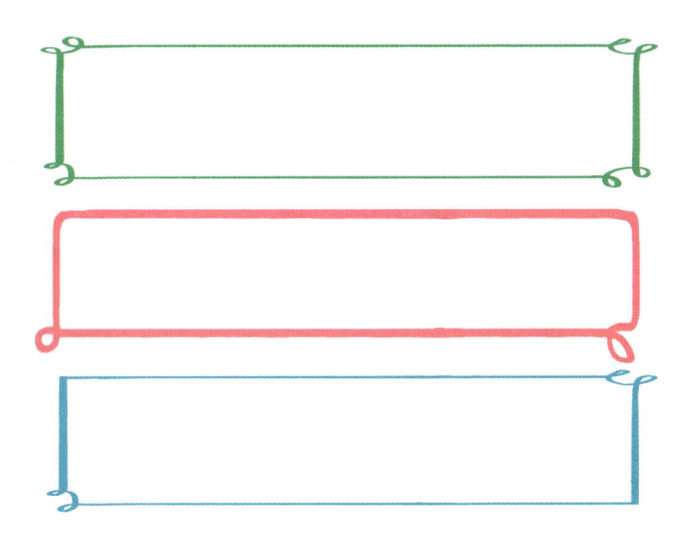

TEXTO 1

CERTAMENTE VOCÊ GOSTA DE FESTAS E JÁ PARTICIPOU DE ALGUMAS. MAS VOCÊ JÁ OUVIU FALAR DE UMA FESTA PROMOVIDA POR UM TIGRE?

ACOMPANHE A LEITURA QUE O PROFESSOR VAI FAZER DESTE CONTO.

A FESTA DO TIGRE E OS SEUS CONVIDADOS

DANTES, OS BICHOS ERAM COMPADRES ENTRE SI. O TIGRE FEZ UMA FESTA E CONVIDOU O COMPADRE MACACO, O COMPADRE VEADO, O COMPADRE CARNEIRO E TODOS OS OUTROS. CHEGARAM TODOS. O TIGRE PERGUNTOU AO MACACO SE ELE SABIA TOCAR E CANTAR. COMPADRE MACACO DISSE QUE SIM, QUE SABIA. O TIGRE PEGOU UMA VIOLA E DEU AO MACACO. PEGOU OUTRA E CANTOU:

CORRA A RODA DO BAMBUÁ,
FUI PEGAR CAÇA NO MATO,
EM CASA VIM ACHÁ.

O MACACO PERCEBEU QUE O TIGRE QUERIA COMER OS BICHOS E RESPONDEU:

CORRA A RODA DO BAMBUÁ,
QUEM TIVER AS PERNAS CURTAS
QUE VÁ SAINDO JÁ.

TEXTO 1

OS BICHOS, QUE ESTAVAM GIRANDO EM RODA, IAM INDO, IAM INDO E SE ESCAPAVAM. O TIGRE CANTAVA COM OS OLHOS MEIO FECHADOS E NÃO VIA. FORAM REPETINDO O VERSO O TIGRE E O MACACO. OS BICHOS CHEGAVAM AO RIO E NADAVAM PARA A OUTRA BANDA E ESTAVAM LIVRES. O CARNEIRO PREGUIÇOSO SAIU JÁ NO FIM, E ASSIM MESMO NÃO TEVE CORAGEM DE ATRAVESSAR O RIO. COBRIU-SE COM A AREIA E FICOU QUE NEM UMA PEDRA.

ENTÃO O TIGRE ABRIU OS OLHOS E VIU QUE DOS SEUS CONVIDADOS RESTAVAM O MACACO E O VEADO. OLHOU PARA O MACACO, OLHOU PARA O VEADO, E NÃO SABIA QUEM PEGAR: O VEADO MUITO LIGEIRO, O MACACO MUITO ESPERTO. PULOU EM CIMA DO MACACO, O MACACO SUBIU NA ÁRVORE E FEZ: FIU-FI-FIU! O TIGRE CORREU ATRÁS DO VEADO. QUANTO MAIS O TIGRE CORRIA, TANTO MAIS O VEADO PULAVA. O VEADO ATRAVESSOU O RIO, E O TIGRE FICOU PARADO, BUFANDO. O VEADO GRITOU A ELE, DE LÁ:

— ESTÁ MUITO BRAVO COMIGO, ME MATE! PEGUE ESSA PEDRA AÍ E ATIRE EM MIM!

O TIGRE PEGOU A PEDRA E JOGOU. O CARNEIRO, JÁ DO OUTRO LADO, POIS A PEDRA ERA ELE, GRITOU:

— MUITO OBRIGADO! — E FOI PARA O CURRAL, ENQUANTO O VEADO FOI PARA A SUA ZONA.

HENRIQUETA LISBOA. *LITERATURA ORAL PARA A INFÂNCIA E A JUVENTUDE*. SÃO PAULO: PEIRÓPOLIS, 2002.

TEXTO 1

1 QUE ANIMAIS FORAM CONVIDADOS PARA A FESTA DO TIGRE?

_____

_____.

2 PINTE O ANIMAL QUE O TIGRE CONVIDOU PARA TOCAR E CANTAR COM ELE.

- AGORA, ESCREVA O NOME DELE. _____

3 O QUE O MACACO CONCLUIU DA CANÇÃO DO TIGRE?

☐ QUE ELE FOI CAÇAR NO MATO E ENCONTROU TODOS OS ANIMAIS LÁ.

☐ QUE ELE FOI CAÇAR NO MATO, MAS ENCONTROU TODOS OS ANIMAIS NA PRÓPRIA CASA.

4 QUE RECADO O MACACO DEU AOS OUTROS ANIMAIS COM A SUA CANÇÃO?

_____

_____.

- OS ANIMAIS ENTENDERAM O RECADO?

☐ SIM.   ☐ NÃO.

- O QUE ELES FIZERAM PARA IR EMBORA DA FESTA DO TIGRE?

TEXTO 1

5 POR QUE O TIGRE NÃO PERCEBEU A SAÍDA DOS CONVIDADOS?

_____

_____.

6 O QUE OS ANIMAIS FIZERAM PARA ENGANAR O TIGRE?

- LIGUE O BICHO AO QUE ELE FEZ.

TRANSFORMOU-SE EM PEDRA.	VEADO
SUBIU NA ÁRVORE.	CARNEIRO
PEDIU AO TIGRE PARA MATÁ-LO COM UMA PEDRADA.	MACACO

- QUAL BICHO O VEADO QUIS PROTEGER COM O PEDIDO QUE FEZ AO TIGRE?

_____.

7 CONVERSE COM OS COLEGAS.

- QUAL FOI O BICHO QUE VOCÊ ACHOU MAIS ESPERTO?
- SE VOCÊ FOSSE UM DOS BICHOS, O QUE FARIA PARA ESCAPULIR?

8 RELEIA O CANTO DO TIGRE.

CORRA A RODA DO BAMBUÁ,
FUI PEGAR CAÇA NO MATO,
EM CASA VIM ACHÁ.

- QUAL É O SIGNIFICADO DE **BAMBUÁ** E DE **ACHÁ**?

_____.

97

COMUNICAÇÃO ORAL

IMAGINE QUE VOCÊ E ALGUNS COLEGAS VÃO ORGANIZAR UMA FESTA. COMO ELA SERÁ?

- CIRCULEM NA IMAGEM O QUE NÃO PODE FALTAR NA FESTA.

- AGORA, CONTEM AOS COLEGAS DA TURMA COMO SERÁ E O QUE HAVERÁ NA FESTA DE VOCÊS! CADA UM CONTA UMA PARTE.

TIPO DE FESTA

ENFEITES

COMIDAS

TRAJE

OUVIR E ESCREVER

1 ACOMPANHE O POEMA QUE O PROFESSOR VAI LER.

FESTANÇA NA VILA COMILANÇA

NA VILA COMILANÇA,
TODO DIA TEM FESTANÇA:
ONOFRE FAZ ESTROGONOFE,
ARLETE FAZ OMELETE,
MURILO FAZ SUSPIROS,
ALBERTINA FAZ GELATINA
E ARAGÃO FAZ EMPADÃO.
TODOS FAZEM SUAS ESPECIALIDADES
E SAEM PARA A RUA
PARA DIVIDIR TANTA VARIEDADE.
NA VILA COMILANÇA,
TODO MUNDO ENCHE A PANÇA
E DEPOIS DANÇA,
E DEPOIS BALANÇA,
EM MEIO A TANTA COMILANÇA.

JONAS RIBEIRO. *POESIAS DE DAR ÁGUA NA BOCA.*
SÃO PAULO: MUNDO MIRIM, 2010.

- O QUE OS MORADORES DA VILA COSTUMAM FAZER?

  ☐ UMA FESTINHA.   ☐ UM FESTÃO.

- NESSAS OCASIÕES ELES LEVAM:

  ☐ MUITA COMIDA.   ☐ POUCA COMIDA.

- AGORA LIGUE AS PALAVRAS AO SEU SIGNIFICADO.

  | MUITA COMIDA | | FESTANÇA |
  | GRANDE FESTA | | COMILANÇA |

OUVIR E ESCREVER

2 ESCREVA AS PALAVRAS QUE O PROFESSOR VAI DITAR.

3 ESCREVA O NOME DESTAS FIGURAS.

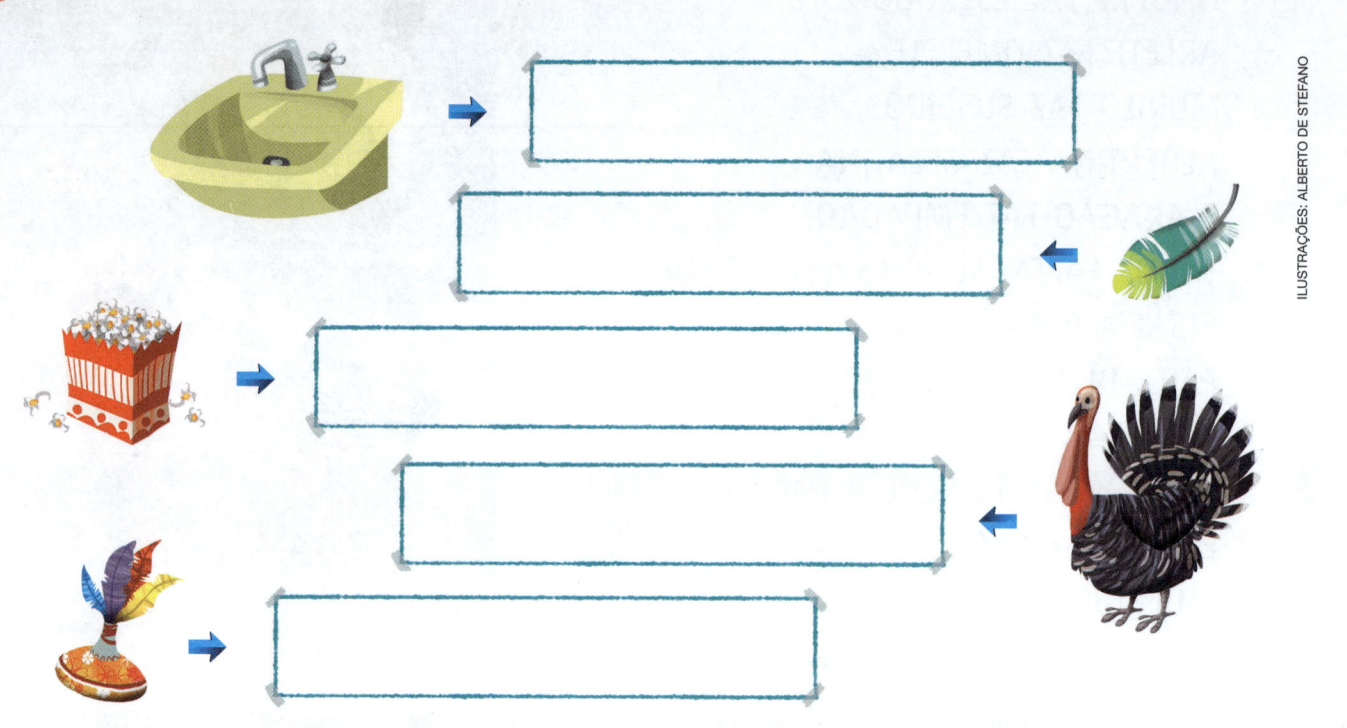

- ORGANIZE, NA COLUNA CERTA, AS PALAVRAS QUE VOCÊ ESCREVEU. CONSIDERE A SÍLABA INICIAL DO NOME DAS FIGURAS ABAIXO.

LEMBRA-SE DE MIM?

OUVIR E ESCREVER

4 ESCREVA ESTAS OUTRAS PALAVRAS QUE O PROFESSOR VAI DITAR.

> **DICA**
> ELAS COMEÇAM COM A SÍLABA INICIAL DE CADA FIGURA.

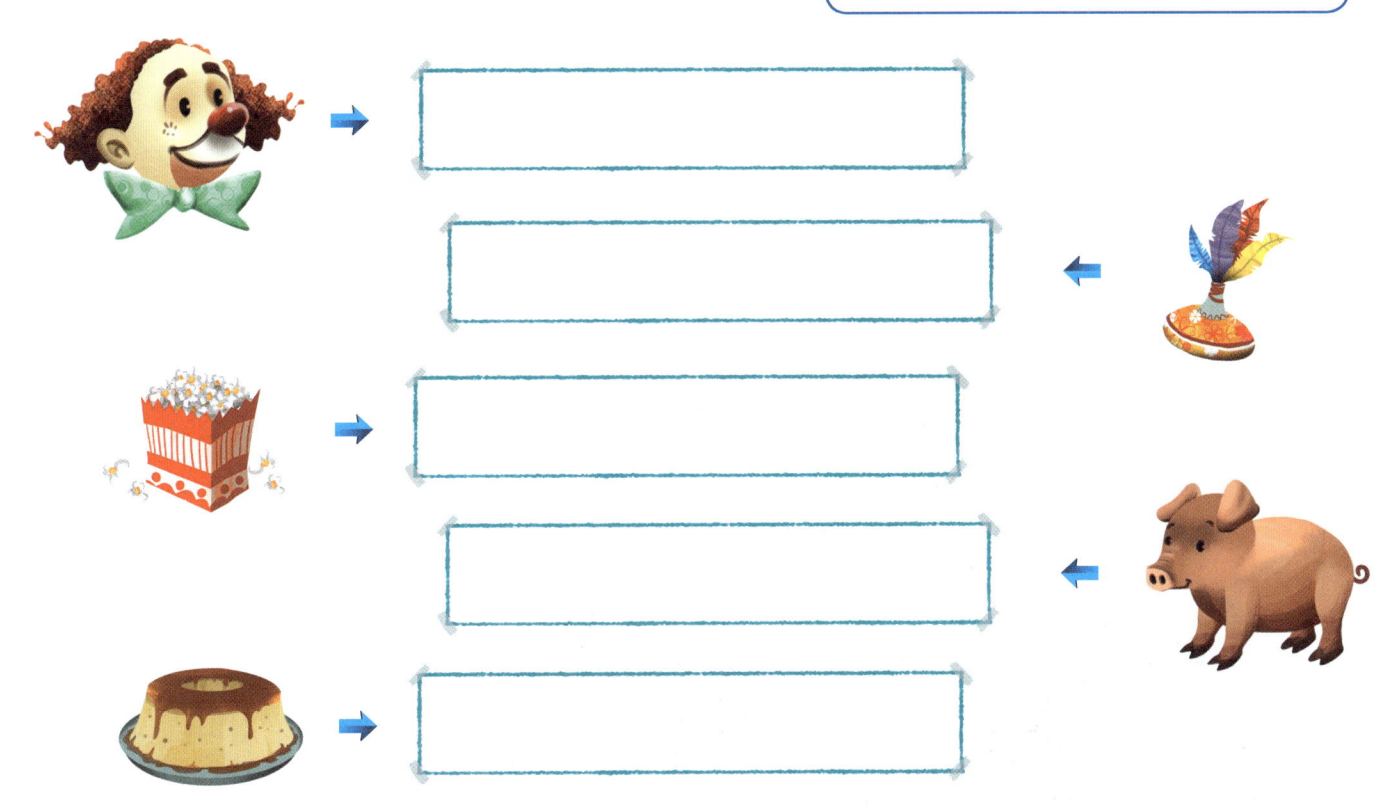

5 AGORA, LEIA EM VOZ ALTA O NOME DE CADA FIGURA.

- LIGUE CADA FIGURA À PALAVRA QUE TEM A MESMA SÍLABA INICIAL.

PORTA

PAPEL

PULO

PIPA

PERA

TANTAS PALAVRAS

- COPIE EM SUA LISTA AS PALAVRAS QUE VOCÊ ESCREVEU.

101

TEXTO 2

VOCÊ JÁ PREPAROU UMA FESTA?
COMO CONVIDOU AS PESSOAS? FEZ ALGUM CONVITE ESCRITO?

CONVITE DE ANIVERSÁRIO

TRAGA SUA FANTASIA DE SUPER-HERÓI

CATARINA
VENHA SE DIVERTIR COMIGO!
DIA: 8 DE OUTUBRO HORÁRIO: 16 HORAS
LOCAL: RUA DAS ESTRELAS, 50
PEDRO

TEXTO 2

1 QUE FESTA ACONTECERÁ? FAÇA UM **X** NA RESPOSTA.

| DE CARNAVAL | DE NATAL | DE ANIVERSÁRIO |

2 PINTE A IMAGEM DE QUEM ESTÁ DANDO A FESTA.

3 SUBLINHE O NOME DO CONVIDADO.

PEDRO   MARIANA   CATARINA

4 CIRCULE OS NÚMEROS QUE APARECEM NO CONVITE.

5	61	15	8
50	26	16	6

- LIGUE OS NÚMEROS ÀS PALAVRAS.

8 — HORAS

16 — RUA DAS ESTRELAS

50 — DE OUTUBRO

TEXTO 2

5 PREENCHA O QUADRO DE ACORDO COM O CONVITE.

LOCAL	
HORA	
DATA	
TRAJE	
ANIVERSARIANTE	
CONVIDADO	

6 QUE FANTASIA VOCÊ USARIA NA FESTA? DESENHE.

COMUNICAÇÃO ESCRITA

VOCÊ E OS COLEGAS IMAGINARAM A ORGANIZAÇÃO DE UMA FESTA NA PÁGINA 98.

- AGORA, VOCÊS FARÃO UM CONVITE PARA ESSA FESTA.
- FAÇAM UM DESENHO E LEMBREM-SE DE ESCREVER AS INFORMAÇÕES NECESSÁRIAS.

SEJAM CRIATIVOS! USEM A IMAGINAÇÃO PARA FAZER UM CONVITE DIFERENTE.

OUVIR E ESCREVER

1 ENCONTRE AS PALAVRAS ESCONDIDAS E PINTE-AS DE AMARELO.

- DEPOIS, ESCREVA AS PALAVRAS QUE ENCONTROU. VEJA O EXEMPLO.

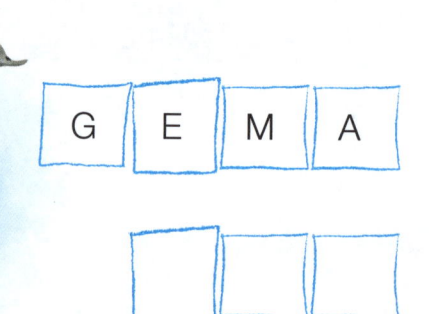

| S | O | L | D | A | D | O |

| S | O | L |

| C | H | U | V | A |

| Q | U | A | D | R | I | L | H | A |

| G | E | M | A |

2 ESCREVA AS PALAVRAS QUE O PROFESSOR VAI DITAR.

106

SAIBA MAIS!

O PERIGO DOS BALÕES

VOCÊ JÁ VIU BALÕES PELO CÉU? ISSO AINDA ACONTECE, PRINCIPALMENTE DURANTE AS FESTAS JUNINAS. MAS POR QUE AS PESSOAS SOLTAM BALÕES?

SEGUNDO A TRADIÇÃO POPULAR, OS BALÕES SERVEM PARA AVISAR QUE A FESTA COMEÇOU.

OS BALÕES SÃO MUITO POPULARES, MAS PODEM CAUSAR INCÊNDIOS EM CASAS E FLORESTAS E QUEIMAR PESSOAS.

POR ISSO, SOLTAR BALÕES É PROIBIDO POR LEI. A PESSOA QUE VENDE, TRANSPORTA OU SOLTA BALÕES PODE SER PRESA E PAGAR MULTA.

QUEDA DE BALÃO CAUSA INCÊNDIO NO PARQUE NACIONAL DA SERRA DOS ÓRGÃOS, NA REGIÃO DE PETRÓPOLIS (RJ), EM 2016.

1 POR QUE SOLTAR BALÕES É PERIGOSO?

- COMPLETE A FRASE COM AS PALAVRAS DO QUADRO.

QUEIMAR   INCÊNDIOS   CASAS

PORQUE OS BALÕES PODEM CAUSAR _____ EM _____ E FLORESTAS E _____ PESSOAS.

2 O QUE PODE ACONTECER COM A PESSOA QUE FOR PEGA SOLTANDO BALÕES?

- SUBLINHE NO TEXTO O TRECHO COM ESSA INFORMAÇÃO.

SAIBA MAIS!

3 AGORA, OBSERVE ESTA IMAGEM E LEIA O TEXTO QUE A ACOMPANHA.

NÃO É UM BALÃO. É UM RISCO.

Soltar balão é crime.
Ligue e denuncie: 190.
Sua ajuda pode evitar incêndios, prejuízos e mortes.
Cidadania inspira a gente.

- O QUE ESSA IMAGEM REPRESENTA? PINTE A RESPOSTA CORRETA.

  POEMA   ANÚNCIO PUBLICITÁRIO   CONTO

- QUAL É A MENSAGEM DO TEXTO? ESCREVA **F** PARA FALSO E **V** PARA VERDADEIRO.

  ☐ SOLTAR BALÃO É UM RISCO.

  ☐ DEVEMOS SOLTAR BALÃO.

  ☐ SOLTAR BALÃO É CRIME.

> **VÁ COM CALMA!**
> PENSE BEM ANTES DE RESPONDER ÀS PERGUNTAS.

4 OBSERVE NOVAMENTE A IMAGEM E CONVERSE COM OS COLEGAS.
- EM QUE SE TRANSFORMAM OS BALÕES?
- NO TEXTO HÁ UMA FRASE QUE EXPRESSA UMA ORDEM. SUBLINHE ESSA FRASE.

BRINCAR E APRENDER

JOGO DA MEMÓRIA

▶ DESTAQUE AS CARTAS DA FOLHA **E**.

▶ CONVIDE UM COLEGA PARA JOGAR COM VOCÊ.

▶ OUÇA AS INSTRUÇÕES DO PROFESSOR E DIVIRTA-SE!

CHAPÉU	MACACO	BARRACA
LUA	TIGRE	VIOLA
BOLO	PIPOCA	BANDEIRINHAS

109

UNIDADE 6 — EU INVENTO

- QUE OBJETOS VOCÊ VÊ NA IMAGEM?
- VOCÊ JÁ VIU OBJETOS COMO ESSES?
- VOCÊ IMAGINA QUEM OS CRIOU?

MONTAGEM DE GANDHY PIORSKI COM BRINQUEDOS FEITOS DE SUCATA URBANA POR CRIANÇAS, APRESENTADA NA EXPOSIÇÃO *A CRIANÇA E A IMAGINAÇÃO DA MATÉRIA*, EM BELO HORIZONTE (MG), 2017.

PARA COMEÇAR

A RODA

A RODA É CONSIDERADA UMA DAS MAIS ANTIGAS E IMPORTANTES INVENÇÕES HUMANAS.

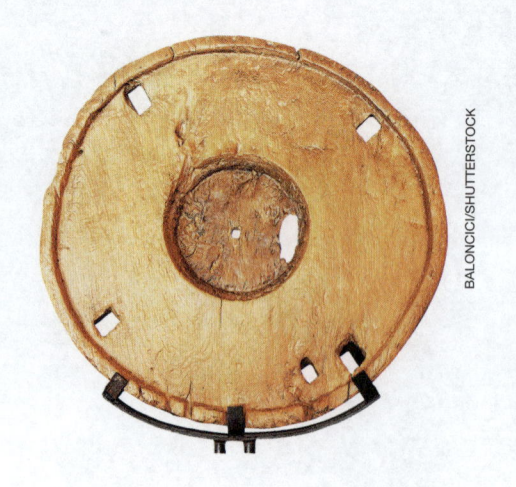

ANTES DELA, AS PESSOAS ANDAVAM A PÉ OU SOBRE ANIMAIS. DEPOIS DE SUA INVENÇÃO, SURGIRAM OS PRIMEIROS VEÍCULOS, COMO AS CARROÇAS E AS CARRUAGENS.

A RODA FACILITOU O TRANSPORTE DE CARGAS E A LOCOMOÇÃO DAS PESSOAS, COMO TAMBÉM PERMITIU QUE SURGISSEM BRINQUEDOS MUITO DIVERTIDOS, COMO O *SKATE*, OS PATINS E A BICICLETA.

PARA COMEÇAR

1 PINTE NESTA ILUSTRAÇÃO OS OBJETOS QUE TÊM RODAS.

2 OBSERVE MAIS UMA VEZ A ILUSTRAÇÃO.
- COM OS COLEGAS, ESCOLHA TRÊS INVENÇÕES QUE VOCÊS ACHAM MUITO IMPORTANTES.
- ESCREVA O NOME DOS TRÊS INVENTOS PREFERIDOS POR SUA CLASSE.

_____

_____

_____

- DITE O NOME DESSES INVENTOS PARA O PROFESSOR.

113

PARA COMEÇAR

3 OBSERVE ESTA TIRINHA.

CALVIN — BILL WATTERSON

- O QUE CALVIN ACABOU DE INVENTAR?
- QUE OBJETO ELE USOU PARA ESSA INVENÇÃO?

4 PENSE EM UM OBJETO E INVENTE UM NOVO USO PARA ELE.

- FAÇA UM DESENHO DO QUE VOCÊ INVENTOU. MOSTRE-O AOS COLEGAS.

- EM QUE VOCÊ TRANSFORMOU O OBJETO?

_____

- EXPLIQUE PARA QUE ELE SERVE AGORA.

_____

PARA COMEÇAR

5 FALE O NOME DESTAS FIGURAS.

- ESCOLHA QUATRO DELAS E FORME O NOME DE CADA UMA COM AS LETRAS MÓVEIS.
- DEPOIS, CONFIRA SE VOCÊ ESCREVEU CORRETAMENTE CONSULTANDO SUA LISTA DE PALAVRAS.

6 DESTAQUE O ALFABETO COMPLETO DA FOLHA **F** E USE-O SEMPRE QUE PRECISAR CONSULTAR A FORMA CORRETA DAS LETRAS.

- AGORA, LIGUE AS TRÊS COLUNAS RELACIONANDO AS PALAVRAS IGUAIS.

bola	BONECA	bola
boneca	BOLA	boneca
macaco	TUBARÃO	macaco
tubarão	MACACO	tubarão
fada	CASA	fada
casa	FADA	casa
castelo	PATO	castelo
peteca	PETECA	peteca
pato	CASTELO	pato

ILUSTRAÇÕES: SUSAN MORISSE

TEXTO 1

O POEMA A SEGUIR É DO POETA JOSÉ PAULO PAES. COMPLETE-O, UTILIZANDO AS PALAVRAS QUE ESTÃO NOS QUADROS COLORIDOS.

SE VOCÊ FOR INVENTOR, INVENTE

UM CREME
QUE TIRE RUGA
DE PESCOÇO

DE _____.

UM PENTE
QUE PENTEIE SOZINHO
LOMBO

DE _____.

E UM LENÇO
FORTE O BASTANTE
PARA ASSOAR

TROMBA DE _____.

JOSÉ PAULO PAES. *LÉ COM CRÉ*.
SÃO PAULO: ÁTICA, 2002. TEXTO ADAPTADO.

ELEFANTE

PORCO-ESPINHO

TARTARUGA

1 LEIA O POEMA COM OS COLEGAS.
- QUEM É O AUTOR DO POEMA?
- OS PRODUTOS SUGERIDOS NO POEMA EXISTEM?
- PARA QUE PARTE DE CADA ANIMAL SERIAM ESSES INVENTOS?

ÁUDIO
SE VOCÊ FOR INVENTOR, INVENTE

TEXTO 1

2 AGORA, INVENTE RIMAS PARA AS PALAVRAS EM DESTAQUE.

ATIVIDADE INTERATIVA
PALAVRAS QUE RIMAM

UMA BLUSA
COLORIDA E **BONITA**
QUE VISTA BEM

UMA _____.

UM CACHECOL
DE COR **AZUL-MARINHO**
PARA O PESCOÇO

DO _____.

UM ANIMAL
QUE SE PAREÇA COM O **GATO**,
GOSTE DE CARINHO

E SEJA AMIGO DO _____.

3 LIGUE CADA FIGURA A SEU NOME.

TELEVISÃO

AVIÃO

- ESCREVA TRÊS PALAVRAS QUE RIMEM COM **TELEVISÃO** E **AVIÃO**.

_____

_____

_____

COMUNICAÇÃO ORAL

VOCÊ JÁ OUVIU FALAR EM ANIMAIS FANTÁSTICOS? SÃO ANIMAIS QUE EXISTEM SÓ NA IMAGINAÇÃO. VEJA.

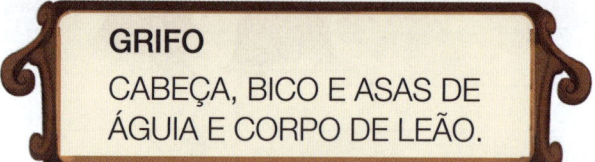

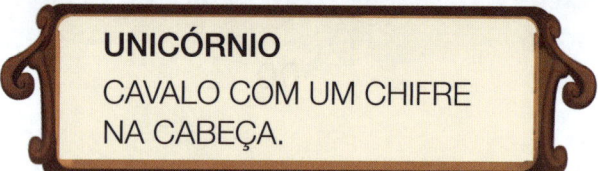

SEJA CRIATIVO! SOLTE SUA IMAGINAÇÃO!

GRIFO
CABEÇA, BICO E ASAS DE ÁGUIA E CORPO DE LEÃO.

UNICÓRNIO
CAVALO COM UM CHIFRE NA CABEÇA.

ILUSTRAÇÕES: ENÁGIO COLEHO

1 VOCÊ E ALGUNS COLEGAS VÃO INVENTAR UM ANIMAL FANTÁSTICO!
- ESCOLHAM ALGUNS ANIMAIS.
- MISTUREM PARTES DELES.

2 DESENHEM O ANIMAL QUE VOCÊS INVENTARAM E MOSTREM À TURMA.

COMUNICAÇÃO ORAL

3 AGORA, PREPAREM-SE! A TURMA FARÁ PERGUNTAS SOBRE O ANIMAL E VOCÊS TERÃO DE INVENTAR AS INFORMAÇÕES.

> SE COM UMA PERGUNTA VOCÊ NÃO DESCOBRIU, TENTE OUTRA!

- ONDE ELE MORA?
- ?
- ELE VOA?
- ELE FAZ COCÔ?
- ELE NADA?
- ELE TOMA BANHO?
- ELE É PERIGOSO?
- ELE PISCA?
- QUE SOM ELE FAZ?
- ?
- ELE DORME?
- O QUE ELE COME?
- ELE É GRANDE OU PEQUENO?

SUSAN MORISSE

- COM BASE NAS RESPOSTAS, INVENTEM, COM TODA A TURMA, UM NOME PARA O ANIMAL.

QUAL É O NOME DE SEU ANIMAL? _____

OUVIR E ESCREVER

1 DESEMBARALHE AS SÍLABAS E ESCREVA AS PALAVRAS FORMADAS.
• DEPOIS, PINTE OS OBJETOS.

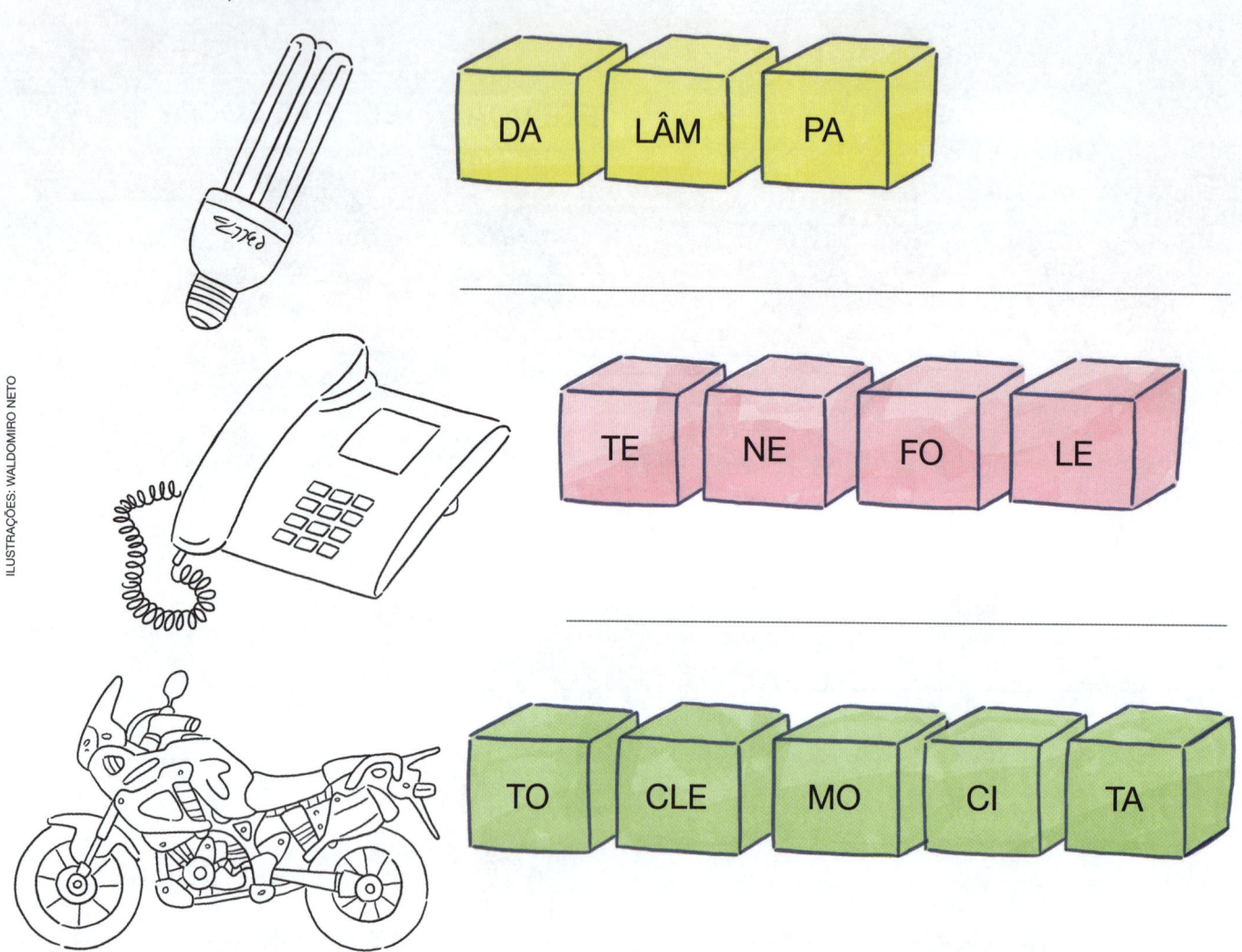

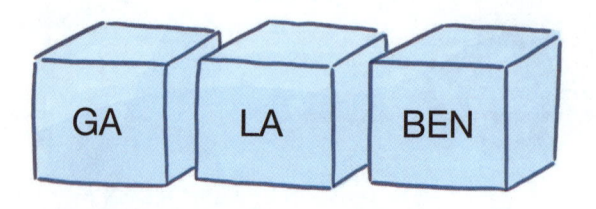

| DA | LÂM | PA |

_____

| TE | NE | FO | LE |

_____

| TO | CLE | MO | CI | TA |

_____

| GA | LA | BEN |

_____

TANTAS PALAVRAS

• ESCREVA EM SUA LISTA AS PALAVRAS QUE VOCÊ FORMOU.

OUVIR E ESCREVER

2 FALE O NOME DAS FIGURAS ABAIXO.

- CIRCULE SOMENTE AS FIGURAS CUJOS NOMES COMEÇAM COM AS SÍLABAS **LA**, **LE**, **LI**, **LO** E **LU**.
- ESCREVA O NOME DAS FIGURAS QUE VOCÊ CIRCULOU.

_____

_____

3 ESCREVA O NOME DE DUAS PESSOAS QUE COMEÇAM COM **LA**, **LE**, **LI**, **LO** OU **LU**.

DESTRAVANDO A LÍNGUA

- ACOMPANHE A LEITURA DO TRAVA-LÍNGUA.

  SE A LIGA ME LIGASSE, EU TAMBÉM LIGAVA A LIGA.
  MAS A LIGA NÃO ME LIGA, EU TAMBÉM NÃO LIGO A LIGA.

  DA TRADIÇÃO POPULAR.

- AGORA, COPIE O TRAVA-LÍNGUA.

TEXTO 2

OBSERVE A SEGUIR A CAPA DE UM LIVRO. VOCÊ CONSEGUE IMAGINAR O QUE ESTA MENINA INVENTOU?

TELMA GUIMARÃES CASTRO ANDRADE

A INVENÇÃO DE CELESTE

ILUSTRAÇÕES SILVANA RANDO

Editora do Brasil

TEXTO 2

1 OBSERVE A CAPA DO LIVRO.

- COPIE O TÍTULO.

_____

_____

- QUEM ESCREVEU O LIVRO? CIRCULE A RESPOSTA.

> TELMA GUIMARÃES CASTRO ANDRADE
>
> CELESTE
>
> SILVANA RANDO

- COPIE O NOME DE QUEM ILUSTROU O LIVRO.

_____

- COPIE O NOME DA EDITORA.

_____

- AGORA, RELACIONE AS COLUNAS.

QUEM ESCREVE	EDITORA
QUEM ILUSTRA	AUTOR
QUEM PUBLICA	ILUSTRADOR

- O QUE ESTÁ ILUSTRADO NA CAPA?

_____

_____

_____

TEXTO 2

2 LEIA ESTE RESUMO DO LIVRO.

A PROFESSORA PEDIU À TURMA QUE TROUXESSE FOTOS DE SEUS BICHINHOS DE ESTIMAÇÃO. MAS CELESTE NÃO TEM UM, E AGORA? O JEITO É TIRAR UMA FOTO DO CHOCOLATE, O SIMPÁTICO CACHORRO DO VIZINHO, E DIZER QUE É SEU. MAS SERÁ QUE MENTIR É MESMO A MELHOR SOLUÇÃO? ESSA INVENÇÃO VAI ACABAR GERANDO AINDA MAIS PROBLEMAS. CELESTE VAI DESCOBRIR O QUANTO É IMPORTANTE DIZER SEMPRE A VERDADE E QUE A MENTIRA SEMPRE TEM PERNAS BEM CURTAS.

EDITORA DO BRASIL.
DISPONÍVEL EM: <HTTP://MOD.LK/INVCELES>.
ACESSO EM: 14 MAIO 2018.

3 QUEM É CELESTE?

☐ A PERSONAGEM PRINCIPAL.

☐ UMA PERSONAGEM DE POUCA IMPORTÂNCIA.

- FAÇA UMA DESCRIÇÃO DE CELESTE.

VÁ COM CALMA! PENSE BEM ANTES DE FAZER A DESCRIÇÃO.

TEXTO 2

4 COMO SE CHAMA O CACHORRO QUE ESTÁ COM CELESTE?

_____

- DE QUEM É O CACHORRO?

_____

5 QUE FOTOS A PROFESSORA PEDIU AOS ALUNOS?

☐ FOTOS DE SUA FAMÍLIA.

☐ FOTOS DE SEUS BICHOS DE ESTIMAÇÃO.

6 LEIA OS SIGNIFICADOS DA PALAVRA INVENÇÃO.

> 1. O QUE É NOVO E NINGUÉM TINHA CRIADO ANTES.
>
> 2. O QUE EXISTE APENAS NA MENTE.
>
> 3. MENTIRA.

- SUBLINHE O SIGNIFICADO QUE SE APLICA À INVENÇÃO DE CELESTE.

7 O QUE SIGNIFICA "A MENTIRA TEM PERNAS BEM CURTAS"?

☐ MENTIRAS SÃO DESCOBERTAS RAPIDAMENTE.

☐ MENTIRAS SÃO TRANSMITIDAS DEVAGAR DE UMA PESSOA A OUTRA.

COMUNICAÇÃO ESCRITA

LEGENDA É UM TEXTO BEM CURTO COLOCADO AO LADO OU EMBAIXO DE FOTOS, DESENHOS, GRÁFICOS. ELA DEVE DAR INFORMAÇÕES QUE COMPLEMENTEM A IMAGEM.

- VOCÊ E OS COLEGAS VÃO ESCREVER UMA LEGENDA PARA A FOTOGRAFIA DESTA NOVA INVENÇÃO.

USE O QUE JÁ SABE PARA ESCREVER AS LEGENDAS!

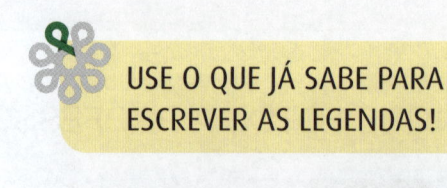

- COMPARE COM A INVENÇÃO DO CALVIN DA PÁGINA 114.

_____
_____
_____
_____

- AGORA, VEJA ESTE NOVO INVENTO. IMAGINE QUE VOCÊ TENHA VISTO A FOTO ABAIXO NUMA LOJA DE BANHO E TOSA DE ANIMAIS.
- COM UM COLEGA, ESCREVA UMA LEGENDA PARA ELA.

_____
_____
_____
_____

OUVIR E ESCREVER

1 LEIA ESTAS PALAVRAS COM UM COLEGA.

avião

cafeteira

fogão

motocicleta

navio

nave espacial

liquidificador

panela

- PREENCHA O QUADRO DE ACORDO COM O TIPO DE INVENÇÃO.

UTENSÍLIOS DE COZINHA	MEIOS DE TRANSPORTE

2 ESCREVA O NOME DE QUATRO INVENÇÕES QUE O PROFESSOR VAI DITAR.

_____

_____

_____

_____

OUVIR E ESCREVER

3 OBSERVE AS FIGURAS.

- QUAIS DELAS TÊM O NOME COMEÇADO COM A SÍLABA **JA**?
CIRCULE AS FOTOS E ESCREVA OS NOMES.

- QUAIS DELAS TÊM NO FINAL DO NOME A SÍLABA **TA**?
FAÇA UM **X** AO LADO DAS FOTOS E ESCREVA OS NOMES.

- ESCREVA O NOME DA ÚNICA IMAGEM QUE VOCÊ NÃO ASSINALOU.

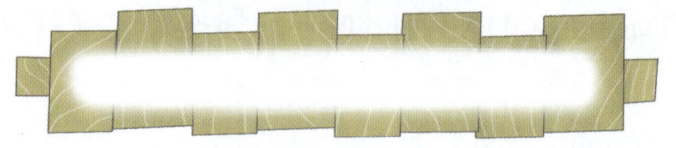

- ESSE NOME COMEÇA COM A MESMA SÍLABA DE UM DOS NOMES QUE VOCÊ ESCREVEU. QUAL É O NOME?

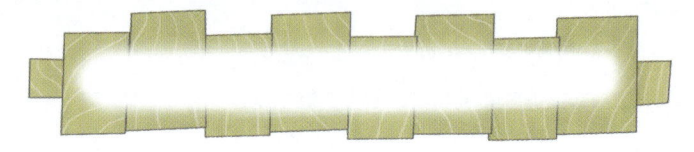

ATIVIDADE INTERATIVA
SÍLABAS

SAIBA MAIS!

EMBALAGEM LONGA VIDA

A EMBALAGEM LONGA VIDA FOI CRIADA PARA QUE OS ALIMENTOS SE CONSERVEM POR MAIS TEMPO SEM ESTRAGAR.

ESSAS EMBALAGENS SÃO CAIXAS FEITAS DE DIFERENTES MATERIAIS, DIVIDIDOS EM CAMADAS, E PODEM SER RECICLADAS.

OBSERVE A IMAGEM.

SAIBA MAIS!

1 VOCÊ CONHECE ALGUM ALIMENTO QUE É VENDIDO EM EMBALAGEM LONGA VIDA?

_____

_____.

2 ESCREVA NOS QUADROS AZUIS DO ESQUEMA DA EMBALAGEM, PÁGINA 129, AS PALAVRAS QUE O PROFESSOR VAI DITAR.

3 NA FOLHA N, HÁ A DESCRIÇÃO DE CADA PARTE DA EMBALAGEM.

- DESTAQUE AS DESCRIÇÕES, UMA DE CADA VEZ, E COLE-AS NOS ESPAÇOS CORRESPONDENTES.

4 LEIA ESTAS PALAVRAS.

ALUMÍNIO   PLÁSTICO

- ESCREVA DE QUE MATERIAL ESTES OBJETOS SÃO FEITOS.

DESTRAVANDO A LÍNGUA

- VOCÊ VAI APRENDER UM TRAVA-LÍNGUA.
- DEPOIS, ESCREVA-O.

_____

_____

_____

_____

BRINCAR E APRENDER

BINGO DE INVENÇÕES

- DESTAQUE AS PALAVRAS, A CARTELA DE BINGO E OS MARCADORES DA FOLHA **G**.
- ESCOLHA QUATRO PALAVRAS E COLOQUE-AS EM SUA CARTELA.
- DEIXE OS MARCADORES COLORIDOS SEPARADOS. VOCÊ VAI PRECISAR DELES DURANTE O JOGO.

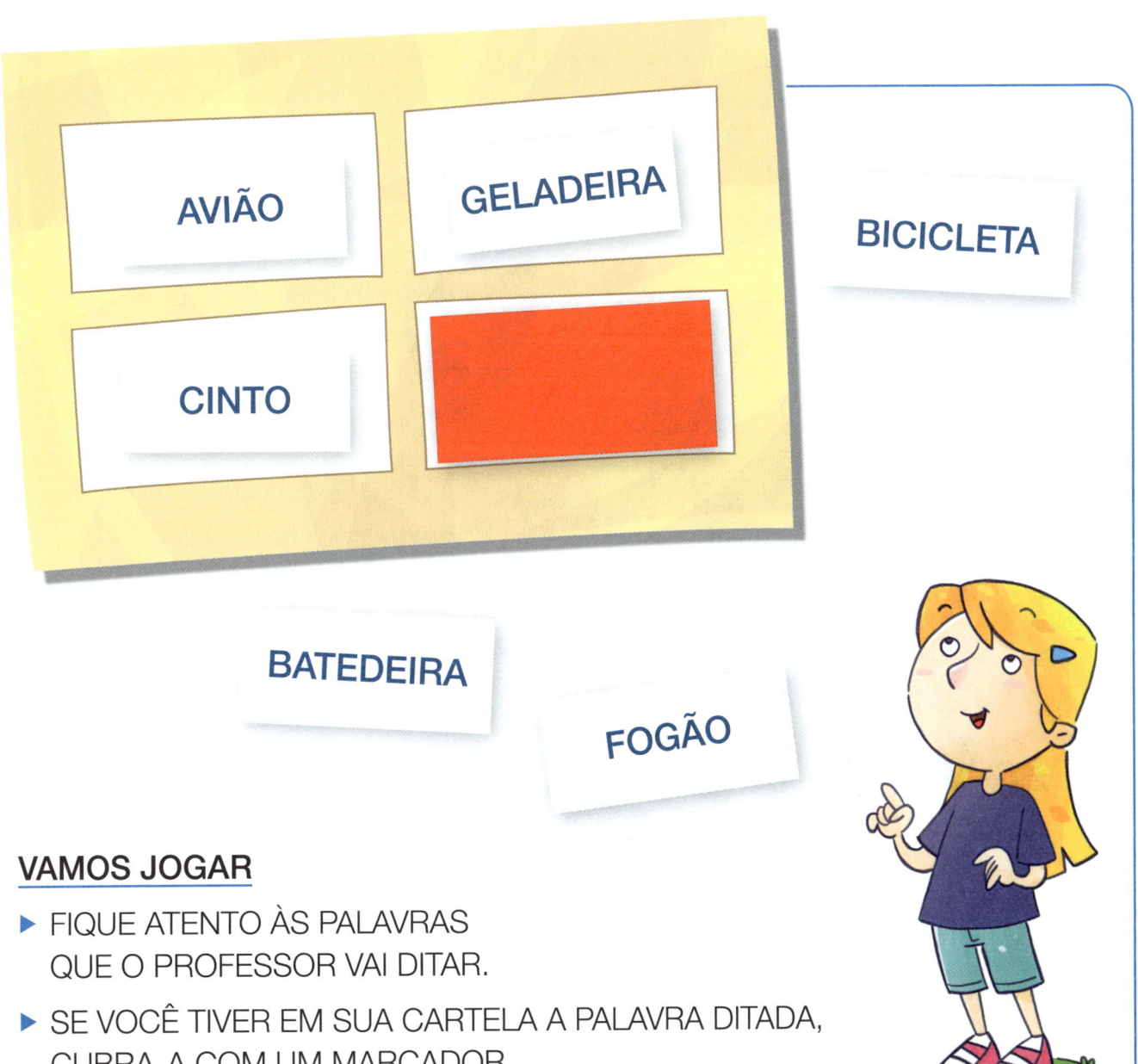

AVIÃO   GELADEIRA   BICICLETA

CINTO

BATEDEIRA   FOGÃO

VAMOS JOGAR

- FIQUE ATENTO ÀS PALAVRAS QUE O PROFESSOR VAI DITAR.
- SE VOCÊ TIVER EM SUA CARTELA A PALAVRA DITADA, CUBRA-A COM UM MARCADOR.
- GANHA O JOGO QUEM COBRIR AS QUATRO PALAVRAS DA CARTELA PRIMEIRO.

UNIDADE 7
EU PRATICO ESPORTES

COMPETIÇÃO DE PARAPENTES, DE LOURDES DE DEUS, 2017.

- QUE ATIVIDADES ESPORTIVAS ESTÃO REPRESENTADAS NA IMAGEM?
- VOCÊ PRATICARIA ESSAS ATIVIDADES?
- VOCÊ FAZ ALGUMA ATIVIDADE FÍSICA? QUAL?

ACERVO DA ARTISTA

PARA COMEÇAR

1 VEJA SE VOCÊ É CRAQUE! QUANTAS LETRAS COMPÕEM CADA PALAVRA?

FUTEBOL	GOL	BOLA	CAMPO	TRAVE
7				

• COMPLETE A CRUZADINHA COM ESSAS PALAVRAS.

F U T E B O L

2 VOCÊ CONHECE USAIN BOLT?

ATUALMENTE, BOLT É O ATLETA MAIS RÁPIDO DO MUNDO NA CORRIDA.

• ESCREVA O NOME DE DUAS PESSOAS QUE VOCÊ CONHECE QUE PRATICAM CORRIDA.

PARA COMEÇAR

3 ESCREVA O NOME DE TRÊS ESPORTES DE QUE VOCÊ MAIS GOSTA.

_____

_____

4 RESOLVA ESTAS ADIVINHAS E MARQUE A RESPOSTA CORRETA.

- É REDONDA E SEM ELA NÃO HÁ JOGO.

| bota | bola | boca |

- É UM TAPETE ORIENTAL E SOBRE ELE SE PRATICA ARTE MARCIAL.

| tatuagem | taturana | tatame |

- TEM CAMPO E ARQUIBANCADA E SEU NOME RIMA COM RÁDIO.

| estúdio | estudo | estádio |

5 PESQUISE UMA ADIVINHA E ESCREVA-A AQUI.

- DEPOIS, LEIA PARA OS COLEGAS.

TEXTO 1

OBSERVE A ILUSTRAÇÃO. VOCÊ IMAGINA QUAL É O ASSUNTO DO POEMA?

ACOMPANHE A LEITURA DO PROFESSOR.

FUTEBOLÊS

EU FALO PORTUGUÊS.
MUITA GENTE FALA INGLÊS.
MAS HOJE TÔ ENCAFIFADO
COM UNS TERMOS COMPLICADOS
DESSE TAL FUTEBOLÊS:
ARTILHEIRO
GANDULA
RETRANCA.

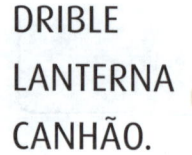

DRIBLE
LANTERNA
CANHÃO.

FRANGO
ZEBRA
BICICLETA.

TABELINHA
GOL DE PLACA
PRORROGAÇÃO...

VOCÊ PODE ME EXPLICAR?
OU TAMBÉM NÃO SABE NÃO?

NEUSA SORRENTI. *POEMAS EMPOLEIRADOS NO FIO DO TEMPO*. BELO HORIZONTE: AUTÊNTICA, 2013.

1 OBSERVE.

> A LÍNGUA FALADA NO BRASIL É O PORTUGU**ÊS**.
> A LÍNGUA FALADA NOS ESTADOS UNIDOS É O INGL**ÊS**.

• O QUE SIGNIFICA FUTEBOLÊS?

_____.

TEXTO 1

2 OBSERVE AS FIGURAS E ESCREVA EM FUTEBOLÊS O QUE SIGNIFICA CADA UMA DELAS.

- O ÚLTIMO COLOCADO EM UM CAMPEONATO.

  _____

- BOLA FÁCIL DE DEFENDER, MAS QUE O GOLEIRO NÃO PEGA E ENTRA NO GOL.

  _____

- RESULTADO CONTRÁRIO ÀQUELE QUE SE ESPERAVA.

  _____

3 OBSERVE AS IMAGENS NUMERADAS NA PÁGINA AO LADO.

- ASSOCIE O NÚMERO DESSAS IMAGENS AO SIGNIFICADO DELAS.

  ☐ GANDULA É A PESSOA QUE DEVOLVE A BOLA AOS JOGADORES QUANDO ELA SAI DO CAMPO DURANTE A PARTIDA.

  ☐ BICICLETA É O LANCE EM QUE O JOGADOR FICA DE COSTAS PARA O GOL, DÁ UMA PEDALADA NO AR E CHUTA A BOLA PARA TRÁS.

4 LIGUE AS COLUNAS.

CANHÃO	SOMA DE 30 MINUTOS NO TEMPO NORMAL DE UMA PARTIDA.
TABELINHA	CHUTE DADO COM MUITA FORÇA.
PRORROGAÇÃO	TROCA RÁPIDA DE PASSES ENTRE JOGADORES DO MESMO TIME RUMO AO GOL.

5 FOI DIFÍCIL DESCOBRIR O SIGNIFICADO DAS PALAVRAS?

COMUNICAÇÃO ORAL

COMO SERÁ O DIA A DIA DE UM ESPORTISTA?

- VOCÊ E OS COLEGAS FARÃO UMA ENTREVISTA COM UM ESPORTISTA PARA SABER COMO É A ROTINA DELE.
- COM A AJUDA DO PROFESSOR, ESCOLHAM UMA PESSOA DA ÁREA DE ESPORTES PARA PARTICIPAR DA ENTREVISTA.
- ORGANIZEM-SE EM GRUPOS E PENSEM EM TRÊS PERGUNTAS INTERESSANTES PARA FAZER AO ENTREVISTADO.
- EM SEGUIDA, O PROFESSOR VAI ORGANIZAR A LISTA DE PERGUNTAS.

CUIDADOS DURANTE A ENTREVISTA

- FIQUE ATENTO ÀS RESPOSTAS QUE O ENTREVISTADO DARÁ ÀS PERGUNTAS QUE VOCÊ E OS COLEGAS FARÃO.
- NÃO FAÇA PERGUNTAS SOBRE UM ASSUNTO QUE O ENTREVISTADO JÁ RESPONDEU.
- SE VOCÊ TIVER CURIOSIDADE DE SABER ALGO RELACIONADO AO QUE ELE DIZ, LEVANTE A MÃO E PEÇA PERMISSÃO PARA FALAR.

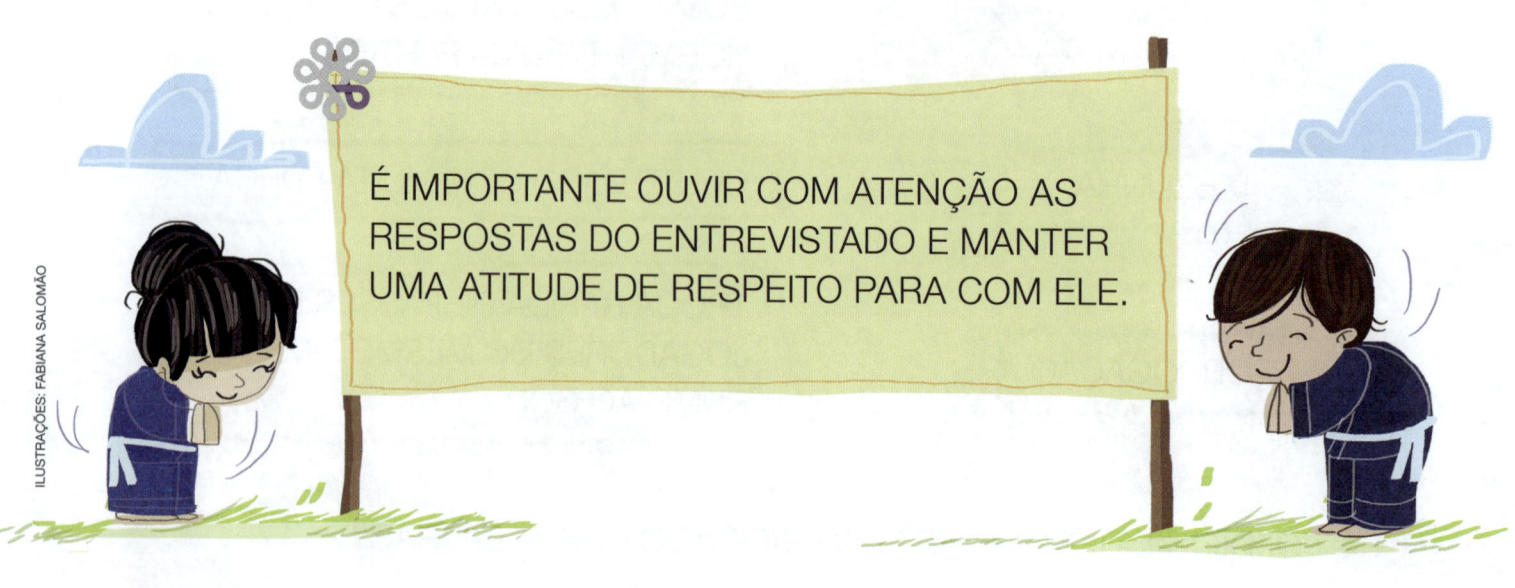

É IMPORTANTE OUVIR COM ATENÇÃO AS RESPOSTAS DO ENTREVISTADO E MANTER UMA ATITUDE DE RESPEITO PARA COM ELE.

ILUSTRAÇÕES: FABIANA SALOMÃO

OUVIR E ESCREVER

1 QUAIS SÃO OS TIMES DE FUTEBOL PREFERIDOS DE SEUS COLEGAS?

• O PROFESSOR VAI AJUDÁ-LO A PREENCHER O QUADRO.

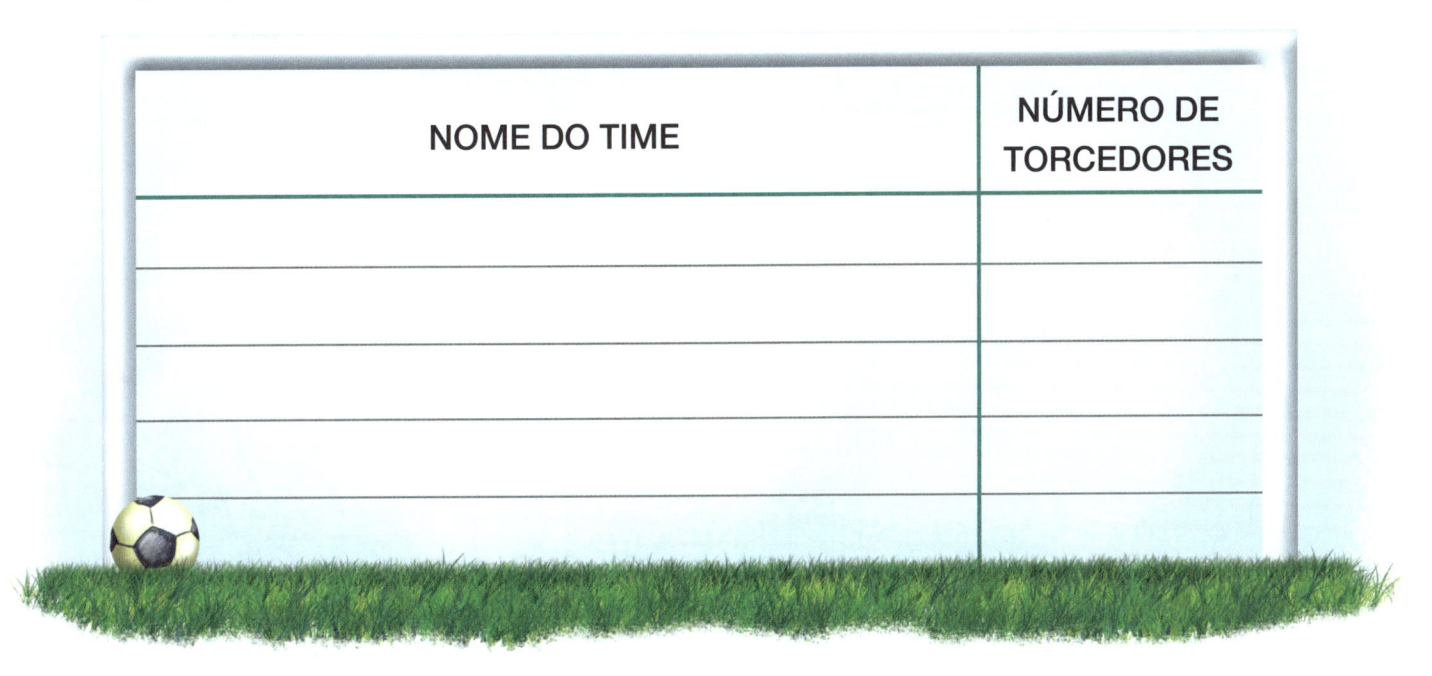

NOME DO TIME	NÚMERO DE TORCEDORES

2 FORME O NOME DAS IMAGENS USANDO AS LETRAS MÓVEIS.

• DEPOIS, COPIE OS NOMES QUE VOCÊ FORMOU.

OUVIR E ESCREVER

3 LEIA ESTA PALAVRA.

| F | U | T | E | B | O | L |

- COPIE A ÚLTIMA SÍLABA DELA.

- AGORA, INVENTE NOMES QUE TERMINEM COM ESSA SÍLABA PARA ESTES ESPORTES. VEJA O EXEMPLO.

ESPORTE EM QUE A BOLA É ARREMESSADA COM UMA VASSOURA.
SEU NOME É **VASSOURABOL**.

| V | A | S | S | O | U | R | A |

| V | A | S | S | O | U | R | A | B | O | L |

ESPORTE EM QUE OS JOGADORES DISPUTAM UMA BOLA AO MESMO TEMPO QUE ANDAM DE PATINETE.

| P | A | T | I | N | E | T | E |

TIPO DE FUTEBOL JOGADO POR FORMIGAS.

| F | O | R | M | I | G | A |

OUVIR E ESCREVER

4 FALE O NOME DESTAS FIGURAS.

- CIRCULE AS QUE TÊM O NOME QUE RIMA COM A PALAVRA **FUTEBOL**.
- COMPLETE OS VERSOS COM O NOME DAS FIGURAS QUE VOCÊ CIRCULOU.

NUM LINDO DIA DE _____

O CANSADO _____

FOI SUBINDO DEVAGAR

NA HASTE DO _____.

COITADO! SENTIA TANTO CALOR

QUE CONFUNDIU A LINDA FLOR

COM UM REFRESCANTE _____.

DESTRAVANDO A LÍNGUA

LEIA RÁPIDO ESTES TRAVA-LÍNGUAS.

ARANHA, ARARINHA,
ARIRANHA, ARANHINHA.

BAGRE BRANCO,
BRANCO BAGRE.

TEXTO 2

ACOMPANHE A LEITURA DESTA FÁBULA DE ESOPO.
A FÁBULA É UMA HISTÓRIA DE ANIMAIS QUE SE COMPORTAM COMO PESSOAS. NAS FÁBULAS, SEMPRE HÁ UM ENSINAMENTO. O QUE SERÁ QUE ESTA FÁBULA QUER ENSINAR?

A LEBRE E A TARTARUGA

UM DIA, UMA LEBRE SE GABAVA DE SUA FANTÁSTICA VELOCIDADE:

— NINGUÉM CORRE MAIS DEPRESSA DO QUE EU! SOU MAIS VELOZ DO QUE O VENTO! DESAFIO QUALQUER ANIMAL A CORRER COMIGO!

NINGUÉM SE DISPUNHA A ACEITAR O DESAFIO, ATÉ QUE A TARTARUGA DISSE:

— EU TOPO.

TODOS RIRAM, PRINCIPALMENTE A LEBRE:

— VOCÊ ESPERA VENCER-ME?

— VAMOS VER...

COMBINARAM QUE CORRERIAM AO REDOR DO BOSQUE ATÉ VOLTAREM AO PONTO DE PARTIDA.

DADO O SINAL, A LEBRE DISPAROU E DESAPARECEU, ENQUANTO A TARTARUGA COMEÇOU A MARCHAR LENTAMENTE.

ILUSTRAÇÕES: FABIANA SALOMÃO

CHEGADA

TEXTO 2

EM POUCO TEMPO, A LEBRE ESTAVA TÃO DISTANTE QUE RESOLVEU DESCANSAR NA RELVA MACIA. E DORMIU. POR ELA PASSOU A TARTARUGA, LENTAMENTE. E LENTAMENTE CHEGOU AO FINAL, ANTES DA LEBRE.

MORAL: PACIÊNCIA VALE MAIS DO QUE PRESSA.

GUILHERME FIGUEIREDO. *FÁBULAS DE ESOPO*. RIO DE JANEIRO: EDIOURO, 2005.

1 QUE DESAFIO A LEBRE PROPÔS AOS OUTROS ANIMAIS?

2 POR QUE TODOS RIRAM QUANDO A TARTARUGA TOPOU O DESAFIO?

_____

_____

3 POR QUE A LEBRE PERDEU A CORRIDA?

_____

_____

• POR QUE A LEBRE FEZ ISSO?

PINTE O QUADRINHO COM A RESPOSTA CORRETA.

☐ PORQUE FOI PREGUIÇOSA.

☐ PORQUE FOI VAIDOSA.

4 QUE OUTRA MORAL VOCÊ DARIA PARA A FÁBULA?

_____

_____

_____

TEXTO 2

5 PINTE O NOME DA PERSONAGEM **MAIS RÁPIDA**.

LEBRE   TARTARUGA

- PINTE O NOME DA PERSONAGEM **MAIS LENTA**.

LEBRE   TARTARUGA

- PINTE O NOME DA PERSONAGEM **PERSISTENTE**.

LEBRE   TARTARUGA

- PINTE O NOME DA PERSONAGEM QUE **VENCEU A CORRIDA**.

LEBRE   TARTARUGA

- QUE PALAVRAS TÊM SIGNIFICADO OPOSTO OU CONTRÁRIO?

_____

6 REESCREVA ESTA FRASE TROCANDO A PALAVRA DESTACADA POR OUTRA DE SIGNIFICADO IGUAL OU SEMELHANTE.

A TARTARUGA **VENCEU** A CORRIDA.

_____

7 LIGUE COM UM TRAÇO **AZUL** AS BANDEIROLAS COM AS PALAVRAS DE SIGNIFICADO **IGUAL** OU **SEMELHANTE**.

- LIGUE COM UM TRAÇO **VERMELHO** AS BANDEIROLAS COM AS PALAVRAS DE SIGNIFICADO **CONTRÁRIO**.

PERTO   RÁPIDO

ACORDAR   DORMIR

VELOZ   DISTANTE

COMUNICAÇÃO ESCRITA

VOCÊS IMAGINAM O QUE ACONTECEU APÓS A INESPERADA VITÓRIA DA TARTARUGA?

- VOCÊ E OS COLEGAS VÃO CRIAR UMA CONTINUAÇÃO PARA A FÁBULA **A LEBRE E A TARTARUGA**.
  - COMO VOCÊS ACHAM QUE FOI A COMEMORAÇÃO DA TARTARUGA?
  - O QUE ELA DISSE À LEBRE APÓS A VITÓRIA?
  - O QUE A LEBRE RESPONDEU?
  - QUE ANIMAIS PRESENCIARAM A VITÓRIA DA TARTARUGA?
  - COMO ELES REAGIRAM?
- AGORA, DITEM PARA O PROFESSOR A CONTINUAÇÃO DA HISTÓRIA.

ORGANIZE SEUS PENSAMENTOS ANTES DE CONTINUAR A HISTÓRIA!

SIGAM ESTAS DICAS!

✓ LEMBREM-SE DAS CARACTERÍSTICAS DE CADA PERSONAGEM ANTES DE CONTINUAR A FÁBULA.

✓ QUE ANIMAL SE ACHAVA MAIS VELOZ?

✓ QUEM ERA PACIENTE E PERSISTENTE?

✓ COMO CADA PERSONAGEM SE SENTIU APÓS O FINAL DA CORRIDA? O QUE CADA UMA DISSE?

✓ VOCÊS PODEM CRIAR OUTRAS PERSONAGENS E DIZER COMO REAGIRAM E O QUE FALARAM.

✓ CRIEM UMA MORAL PARA A NOVA FÁBULA.

COMUNICAÇÃO ESCRITA

- COPIE O TEXTO QUE VOCÊ E OS COLEGAS DITARAM PARA O PROFESSOR.

OUVIR E ESCREVER

1 FALE O NOME DOS ESPORTES ILUSTRADOS.

- ANOTE O NÚMERO DE SÍLABAS DE CADA NOME NO QUADRINHO.
- PINTE O QUADRINHO DO ESPORTE CAMPEÃO EM SÍLABAS.
- ESCREVA O NOME DOS ESPORTES NA TABELA DE ACORDO COM O NÚMERO DE SÍLABAS.

DUAS SÍLABAS	TRÊS SÍLABAS	QUATRO SÍLABAS

TANTAS PALAVRAS

- ESCOLHA TRÊS ESPORTES E ESCREVA O NOME DELES EM SUA LISTA DE PALAVRAS.

ATIVIDADE INTERATIVA
ADIVINHE O QUE É!

OUVIR E ESCREVER

2 OBSERVE AS ILUSTRAÇÕES E COMPLETE A CRUZADINHA COM O NOME DESTES ESPORTES OLÍMPICOS.

- SE PRECISAR, CONSULTE O BANCO DE PALAVRAS ABAIXO.

4 LETRAS	5 LETRAS	7 LETRAS	9 LETRAS
VELA	PÔNEI	HIPISMO	ATENCIOSO
VALE	VOLTA	HIPISTA	ATLÂNTICO
JUDÔ	VÔLEI	NATAÇÃO	ATLETISMO
JUBA	VELAS	NEGAÇÃO	ALPINISMO

OUVIR E ESCREVER

3 OBSERVE A CAPA DESTE LIVRO. UMA PARTE DO TÍTULO ESTÁ ESCONDIDA NAS LINHAS VERMELHAS.

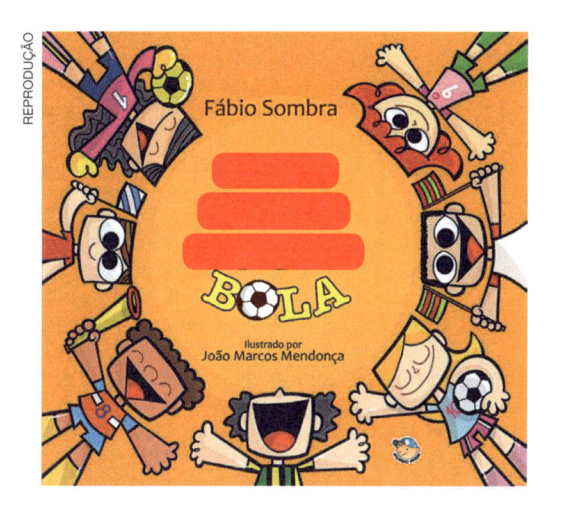

NÃO TENHA PRESSA! PENSE BEM ANTES DE SEPARAR AS PALAVRAS!

- DESCUBRA O TÍTULO COMPLETO SEPARANDO COM TRAÇOS AS PALAVRAS DO QUADRO.

Poesiaquerolanojogode

- ESCREVA AO LADO DA CAPA A PARTE DO TÍTULO QUE FALTA.
- AGORA, LEIA EM VOZ ALTA, COM OS COLEGAS, O TÍTULO COMPLETO.

4 O PROFESSOR VAI LER UM POEMA QUE ESTÁ NO LIVRO QUE APARECE ACIMA.

O GANDULA

ELE CORRE ATRÁS DA BOLA
E TRABALHA FEITOMULA:
OCOITADO CORRE, CORRE,
VAI E VOLTA, SALTAEPULA.
DEVOLVER ABOLA EM CAMPO
É OTRABALHO DO GANDULA.

FÁBIO SOMBRA. *POESIA QUE ROLA NO JOGO DE BOLA*. SÃO PAULO: MUNDO MIRIM, 2013.

- SEPARE COM TRAÇOS AS PALAVRAS QUE FICARAM GRUDADAS.
- COPIE CORRETAMENTE O POEMA E LEIA-O EM VOZ ALTA.

SAIBA MAIS!

JOGOS OLÍMPICOS E PARALÍMPICOS

OS JOGOS OLÍMPICOS SÃO UM EVENTO ESPORTIVO QUE ACONTECE A CADA QUATRO ANOS E REÚNE ATLETAS DE QUASE TODOS OS PAÍSES. NO TOTAL, SÃO CERCA DE 30 ESPORTES E SOMENTE OS TRÊS PRIMEIROS COLOCADOS DE CADA ESPORTE SÃO PREMIADOS COM MEDALHAS DE OURO, PRATA E BRONZE.

QUANDO TERMINAM OS JOGOS OLÍMPICOS, COMEÇAM OS PARALÍMPICOS. PARTICIPAM DESSA COMPETIÇÃO ATLETAS COM DEFICIÊNCIAS FÍSICAS. AS PROVAS OLÍMPICAS E PARALÍMPICAS SÃO SEMELHANTES, MAS ADAPTADAS À DEFICIÊNCIA DE CADA ATLETA.

MEDALHAS OLÍMPICAS RIO-2016.

MEDALHAS PARALÍMPICAS RIO-2016.

1 OS ATLETAS OLÍMPICOS E PARALÍMPICOS VENCEDORES SÃO PREMIADOS DA MESMA MANEIRA?

_____
_____
_____

2 QUAL É A DIFERENÇA ENTRE AS PROVAS DA OLIMPÍADA E AS PROVAS DA PARALIMPÍADA?

_____
_____
_____

BRINCAR E APRENDER

OLIMPÍADA ESPORTIVA

- ▶ ESCOLHA DOIS COLEGAS PARA JOGAR COM VOCÊ.
- ▶ DESTAQUE O DADO DA FOLHA **F**.
- ▶ DEPOIS, DESTAQUE AS CARTAS DAS FOLHAS **H**.
- ▶ USE O TABULEIRO.

- ▶ CADA JOGADOR DEVE ESCOLHER UM MARCADOR NA FOLHA **L**, QUE PODE SER COLADO EM UMA TAMPINHA DE GARRAFA.
- ▶ AS CARTAS DEVEM FICAR AO LADO DO TABULEIRO, VIRADAS PARA BAIXO.
- ▶ DECIDAM QUEM COMEÇARÁ O JOGO.
- ▶ NA SUA VEZ, LANCE O DADO E MOVIMENTE O MARCADOR PELO NÚMERO DE CASAS CORRESPONDENTE À QUANTIDADE TIRADA.
- ▶ QUEM PARAR EM UMA CASA-ESTRELA DEVE RETIRAR UMA CARTA DO LADO DO TABULEIRO E LER A TAREFA PROPOSTA. SE NÃO CONSEGUIR FAZER O QUE É PEDIDO, DEVE AGUARDAR A PRÓXIMA RODADA PARA JOGAR. SE CONSEGUIR, GANHA UM PONTO.
- ▶ TODOS DEVEM ANOTAR OS PONTOS NUMA FOLHA À PARTE.
- ▶ QUANDO TODOS CHEGAREM AO PÓDIO, SOMEM OS PONTOS DE CADA JOGADOR. VENCE QUEM TIVER MAIS PONTOS!

UNIDADE 8
EU ESTUDO OS DINOSSAUROS

MUSEU DE CIÊNCIAS & INDÚSTRIA, NOS ESTADOS UNIDOS, 2015.

- EM QUE A MENINA ESTÁ PONDO A MÃO?
- POR QUE ELA ESTÁ FAZENDO ISSO?
- COMO ELA PARECE ESTAR SE SENTINDO?

PARA COMEÇAR

1 ACOMPANHE A LEITURA QUE O PROFESSOR FARÁ.

OS DINOSSAUROS VIVERAM NA TERRA HÁ MILHÕES DE ANOS, ANTES MESMO DO SURGIMENTO DO HOMEM.

ERAM ANIMAIS GIGANTES, QUE TINHAM GARRAS PODEROSAS E BOTAVAM OVOS.

UM DOS DINOS MAIS FAMOSOS É O *TIRANOSSAURO REX*. ELE ANDAVA EM DUAS PATAS, ERA UM RÁPIDO CAÇADOR E ATACAVA OUTROS DINOSSAUROS COM SEUS DENTES FORTES E AFIADOS.

OUTRO DINO BASTANTE CONHECIDO É O *APATOSSAURO* OU *BRONTOSSAURO*. ELE ANDAVA EM QUATRO PATAS E ALIMENTAVA-SE DE VEGETAIS, E SEU TAMANHO O PROTEGIA DOS DINOSSAUROS FEROZES.

2 LEIA AS PISTAS E PINTE A RESPOSTA CORRETA.

- NOME DE ANIMAL QUE VIVEU NA TERRA HÁ MILHÕES DE ANOS, MAS FOI EXTINTO.

    DIAMANTE DINHEIRO DINOSSAURO

- ESTE DINOSSAURO ERA UM CAÇADOR FEROZ.

    TAMANDUÁ TIRANOSSAURO APATOSSAURO

- ERAM POSTOS EM NINHOS E OS DINOSSAUROS NASCIAM DELES.

    OSSOS OSTRAS OVOS

PARA COMEÇAR

3 CONTINUE ACOMPANHANDO A LEITURA.

NA PALAVRA **DINOSSAURO**, *DINO* QUER DIZER "TERRÍVEL" E *SAURO* QUER DIZER "LAGARTO". PORTANTO, A PALAVRA *DINOSSAURO* SIGNIFICA "TERRÍVEL LAGARTO". MAS, APESAR DA APARÊNCIA, NEM TODOS OS DINOSSAUROS ERAM TERRÍVEIS. CONHEÇA ALGUNS DELES.

• ENCONTRE NO QUADRO A PALAVRA QUE COMPLETA CADA INFORMAÇÃO.

CAUDA	PERNAS	PLANTAS
CABEÇA	PLACAS	PINTAS

ESTEGOSSAURO

TINHA _____ NAS COSTAS PARA SUA PROTEÇÃO.

TRICERATOPE

SÓ COMIA _____ E TINHA TRÊS CHIFRES QUE SERVIAM PARA COMBATE E DEFESA.

DIPLÓDOCO

USAVA SUA LONGA _____ COMO CHICOTE CONTRA OS PREDADORES.

155

TEXTO 1

LEIA O TÍTULO DESTE POEMA E OBSERVE A ILUSTRAÇÃO. SOBRE O QUE O POEMA VAI TRATAR?

MEU AMIGO DINOSSAURO

UM PEQUENO DINOSSAURO
APARECEU NO JARDIM
EDUCADO, INTELIGENTE,
O SEU NOME ERA JOAQUIM.

NUNCA CONSEGUI SABER
DE ONDE FOI QUE ELE SAIU
QUANDO A GENTE PERGUNTOU
DISFARÇOU E ATÉ SORRIU...

FICOU MUITO NOSSO AMIGO
FEZ TUDO QUE É BRINCADEIRA.
LEVOU O MIGUEL PRA ESCOLA
LEVOU A MAMÃE PRA FEIRA.

AS PESSOAS ESPIAVAM
ESTRANHAVAM UM POUQUINHO
ONDE SERÁ QUE ARRANJARAM
ESTE DINOSSAUROZINHO?

RUTH ROCHA. *MEU AMIGO DINOSSAURO*. SÃO PAULO: MELHORAMENTOS, 2013.

ÁUDIO
MEU AMIGO DINOSSAURO

TEXTO 1

1 QUAL É O NOME DO DINOSSAURO? E O NOME DO MENINO?

	MENINO
	DINOSSAURO

2 CIRCULE AS QUALIDADES DO DINOSSAURO.

- PEQUENO
- INTELIGENTE
- EDUCADO
- ENFEZADO
- INCONVENIENTE
- AMIGO

3 O QUE O DINOSSAURO FEZ PARA AJUDAR AS PESSOAS DA CASA?

_____

_____

_____

4 SUBLINHE A PERGUNTA FEITA PELAS PESSOAS QUE ESPIAVAM.

- O QUE SERÁ QUE COMIA ESTE DINOSSAUROZINHO?
- ONDE SERÁ QUE ARRANJARAM ESTE DINOSSAUROZINHO?
- QUANTOS ANOS TERIA ESTE DINOSSAUROZINHO?

TEXTO 1

5 LIGUE CADA ESTROFE A UMA FIGURA.

UM PEQUENO DINOSSAURO
APARECEU NO JARDIM
EDUCADO, INTELIGENTE,
O SEU NOME ERA JOAQUIM.

NUNCA CONSEGUI SABER
DE ONDE FOI QUE ELE SAIU
QUANDO A GENTE PERGUNTOU
DISFARÇOU E ATÉ SORRIU...

FICOU MUITO NOSSO AMIGO
FEZ TUDO QUE É BRINCADEIRA
LEVOU O MIGUEL PRA ESCOLA
LEVOU A MAMÃE PRA FEIRA.

AS PESSOAS ESPIAVAM
ESTRANHAVAM UM POUQUINHO
ONDE SERÁ QUE ARRANJARAM
ESTE DINOSSAUROZINHO?

MARLOWA

6 RELEIA O POEMA EM VOZ ALTA COM O PROFESSOR E PINTE DA MESMA COR AS PALAVRAS QUE RIMAM.

ATIVIDADE INTERATIVA
QUAL É A RIMA?

- COPIE AS PALAVRAS QUE RIMAM EM CADA ESTROFE.

1ª ESTROFE _____

2ª ESTROFE _____

3ª ESTROFE _____

4ª ESTROFE _____

COMUNICAÇÃO ORAL

VOCÊ VAI PARTICIPAR DE UM SARAU COM OS COLEGAS.

MULTIMÍDIA
POEMAS

SARAU É UMA REUNIÃO DE AMIGOS PARA CANTAR, OUVIR MÚSICA, DECLAMAR POEMAS.

ENTÃO, PREPARE-SE!

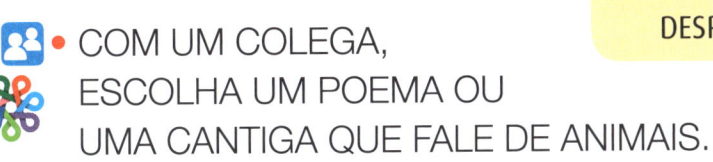

SEJA CRIATIVO!
ESCOLHA UM POEMA QUE DESPERTE EMOÇÕES!

- COM UM COLEGA, ESCOLHA UM POEMA OU UMA CANTIGA QUE FALE DE ANIMAIS.
- ENSAIEM PARA QUE A APRESENTAÇÃO NO SARAU SAIA CAPRICHADA!
- NO DIA COMBINADO, O PROFESSOR VAI ORGANIZAR AS APRESENTAÇÕES.

CUIDADOS PARA A APRESENTAÇÃO

- SE ESCOLHEREM UMA CANTIGA, ELA TEM UM RITMO QUE DEVE SER SEGUIDO.
- CANTEM ANIMADOS PARA CONTAGIAR A PLATEIA!
- SE ESCOLHEREM UM POEMA, ELE DEVE SER MEMORIZADO.
- O POEMA TAMBÉM TEM RITMO. A DECLAMAÇÃO DEVE SEGUIR ESSE RITMO PARA QUE OS OUVINTES POSSAM APRECIÁ-LO.
- USEM UM TOM DE VOZ QUE TODOS POSSAM OUVIR.

VOCÊS PODEM CONVIDAR COLEGAS DE OUTRAS CLASSES PARA PARTICIPAR DO SARAU.

SANDRA LAVANDEIRA

OUVIR E ESCREVER

1 LEIA O TEXTO E COMPLETE-O USANDO AS PALAVRAS ABAIXO.

CAÇADOR   MENORES   TERRA   CAÇAVA

UM TIRANO TERRÍVEL

O TIRANOSSAURO VIVEU NA _____ HÁ MILHÕES DE ANOS. ELE ERA UM _____ FEROZ. ELE _____ OUTROS DINOSSAUROS QUE ERAM _____ DO QUE ELE.

- CONVERSE COM OS COLEGAS SOBRE AS PALAVRAS **CAÇADOR** E **CAÇAVA**.

A PARTE QUE SE REPETE NAS DUAS PALAVRAS É _____.

CAÇADOR TERMINA COM A SÍLABA _____

E **CAÇAVA** TERMINA COM A SÍLABA _____.

OUVIR E ESCREVER

2 FALE EM VOZ ALTA O NOME DESTAS FIGURAS.

- DEPOIS, ESCREVA DUAS PALAVRAS QUE COMECEM COM A SÍLABA INICIAL DO NOME DE CADA UMA DELAS.

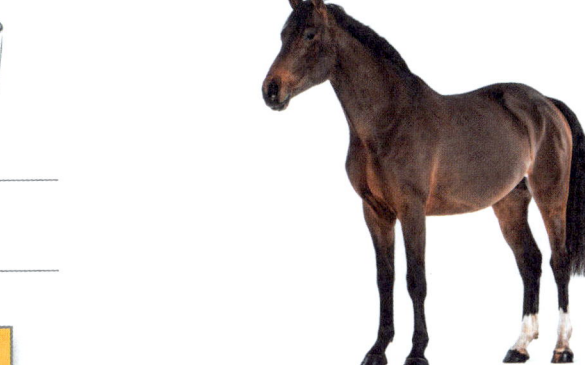

_____

_____

_____

_____

DESTRAVANDO A LÍNGUA

- LEIA O TRAVA-LÍNGUA E DIVIRTA-SE COM OS COLEGAS.

> GATO ESCONDIDO
> COM RABO DE FORA
> TÁ MAIS ESCONDIDO
> QUE RABO ESCONDIDO
> COM GATO DE FORA
>
> DA TRADIÇÃO POPULAR.

- COPIE O TRAVA-LÍNGUA TROCANDO A PALAVRA **GATO** POR **GATA**.

_____

_____

_____

_____

_____

TEXTO 2

LEIA O TÍTULO DESTA HISTÓRIA EM QUADRINHOS E OBSERVE OS DESENHOS.

O QUE VOCÊ ACHA QUE OS DINOSSAUROS ESTÃO FAZENDO?

LEIA COM A AJUDA DO PROFESSOR E DESCUBRA!

HORÁCIO

— EU SOU UM TRICERATOPE FEROZ ÀS PAMPAS!

— E EU SOU UM ESTEGOSSAURO PODEROSO E SANGUINÁRIO!

— ESTÁ VENDO ESTE CORPO BLINDADO? NADA ME ATINGE!

— ESTÁ VENDO ESTES TRÊS CORNOS? SÃO A ARMA MAIS PODEROSA DA TERRA!

— POIS ESTES "ESPINHÕES" NO MEU DORSO SÃO A COISA MAIS FORTE E MAIS LINDA QUE EU TENHO!

— QUANDO EU DOU UM SIMPLES TROTE, A TERRA TREME!

— QUANDO EU ABANO ESTAS ALETAS, PROVOCO UM FURACÃO!

— AGORA QUE VOCÊS TERMINARAM DE SE APRESENTAR, QUE TAL COMEÇARMOS?

— AS ALFACES ESTÃO NO PONTINHO, HORÁCIO!

— OBRIGADO PELO CONVITE PARA O LANCHE!

FIM

© MAURICIO DE SOUSA EDITORA LTDA.

162

TEXTO 2

1 QUAL É O TÍTULO DA HISTÓRIA?

_____.

2 QUE ANIMAL É REPRESENTADO PELAS PERSONAGENS?

_____.

3 NAS HISTÓRIAS EM QUADRINHOS, AS FALAS DAS PERSONAGENS VÊM ESCRITAS EM BALÕES.

- QUANTAS FALAS DE PERSONAGENS HÁ NESSA HISTÓRIA?

_____.

4 OBSERVE ESTE QUADRINHO.

> ESTÁ VENDO ESTES TRÊS CORNOS? SÃO A ARMA MAIS PODEROSA DA TERRA!
>
> POIS ESTES "ESPINHÕES" NO MEU DORSO SÃO A COISA MAIS FORTE E MAIS LINDA QUE EU TENHO!

© MAURICIO DE SOUSA EDITORA LTDA.

- O QUE O TRICERATOPE DIZ QUE TEM?

  ☐ corpos   ☐ copos   ☐ cornos

  CIRCULE NO QUADRINHO A PALAVRA QUE VOCÊ ASSINALOU.

- O QUE O ESTEGOSSAURO DIZ QUE TEM?

  ☐ espinhões   ☐ espigões   ☐ espadões

  CIRCULE NO QUADRINHO A PALAVRA QUE VOCÊ ASSINALOU.

163

TEXTO 2

5 HORÁCIO É ESTE DINOSSAUROZINHO.

> AGORA QUE VOCÊS TERMINARAM DE SE APRESENTAR, QUE TAL COMEÇARMOS?

© MAURICIO DE SOUSA EDITORA LTDA.

- O QUE ELE DIZ QUE OS OUTROS DOIS DINOSSAUROS ESTAVAM FAZENDO?

_____

_____

6 O QUE VOCÊ PENSOU QUE ESTAVA ACONTECENDO QUANDO COMEÇOU A LER A HISTÓRIA?

- PINTE O DESENHO QUE MOSTRA O QUE VOCÊ PENSOU.
- DEPOIS, ESCREVA UMA PALAVRA PARA O QUE VOCÊ PENSOU.

FABIANA SALOMÃO

_____   _____

7 AFINAL, PARA QUE OS TRÊS DINOSSAUROS SE ENCONTRARAM?

_____.

COMUNICAÇÃO ESCRITA

OS DINOSSAUROS DESAPARECERAM DA TERRA HÁ MILHÕES DE ANOS, MAS OS CIENTISTAS AINDA NÃO SABEM AO CERTO O MOTIVO.

ASSIM COMO ELES, MUITOS OUTROS ANIMAIS TAMBÉM CORREM RISCO DE EXTINÇÃO. VEJA ALGUNS EXEMPLOS NESTA PÁGINA.

FAÇA PERGUNTAS! NÃO ESCONDA SUAS DÚVIDAS.

PAPAGAIO-DO-PEITO-ROXO

LAGARTINHO-BRANCO-DA-PRAIA

ONÇA-PINTADA

BORBOLETA

- VOCÊ E UM COLEGA VÃO FAZER UMA **FICHA DO BICHO**.
- PESQUISEM INFORMAÇÕES SOBRE UM DOS ANIMAIS DESTA PÁGINA OU SOBRE OUTROS QUE ESTEJAM EM EXTINÇÃO.
- ESCREVAM NA FICHA AS PRINCIPAIS INFORMAÇÕES SOBRE ELE.
- DEPOIS, PASSEM A FICHA A LIMPO USANDO A QUE ESTÁ NA FOLHA ❶.
- FAÇAM UM DESENHO DO ANIMAL OU COLEM UMA FOTO DELE.
- COMBINEM COM O PROFESSOR UMA EXPOSIÇÃO DAS FICHAS NA BIBLIOTECA DA ESCOLA.

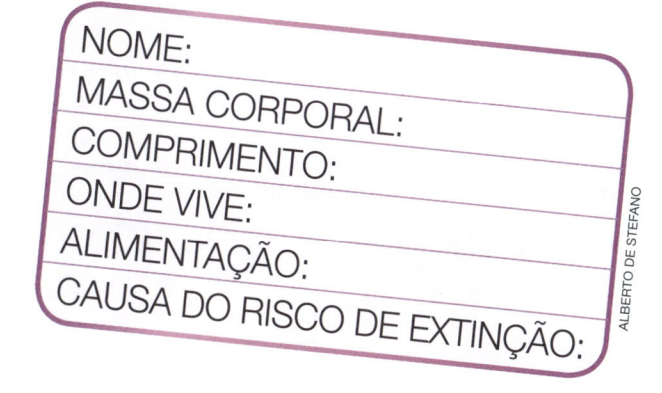

NOME:
MASSA CORPORAL:
COMPRIMENTO:
ONDE VIVE:
ALIMENTAÇÃO:
CAUSA DO RISCO DE EXTINÇÃO:

TATU-BOLA

OUVIR E ESCREVER

1 LEIA ESTE POEMA.

ÁUDIO ELETELEFONIA

ELETELEFONIA

ERA UMA VEZ UM ELEFANTE
QUE QUIS USAR UM TELEFANTE —
DIGO, ALIÁS, UM ELEFONE,
QUE QUIS USAR UM TELEFONE
(PARECE QUE ME ATRAPALHEI.
SERÁ QUE AGORA EU ME ACERTEI?)
EM TODO CASO, A SUA TROMBA
SE ENROSCOU NA TELEFOMBA;
E QUANTO MAIS ELE PUXAVA,
MAIS O ELEFONE TELEFAVA...
(ACHO MELHOR EU DESISTIR
DE TELEFONELEFANTIR!)

LAURA RICHARDS. ILUSTRAÇÃO DE CÁRCAMO.
EM: TATIANA BELINKY. *UM CALDEIRÃO DE POEMAS*.
SÃO PAULO: COMPANHIA DAS LETRINHAS, 2003.

- QUAL ERA O PROBLEMA DO ELEFANTE?
- NO POEMA, HÁ UMA BRINCADEIRA COM AS PALAVRAS. DESCUBRA QUAL É.

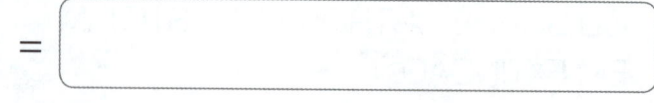

OUVIR E ESCREVER

2 OBSERVE A PALAVRA ABAIXO.

TELEFONE
A DISTÂNCIA — SOM DA FALA

- ESCREVA O NOME DESTAS FIGURAS. ELAS COMEÇAM COMO **TELEFONE**.

3 AGORA É A SUA VEZ DE FORMAR NOVAS PALAVRAS A PARTIR DE OUTRAS.

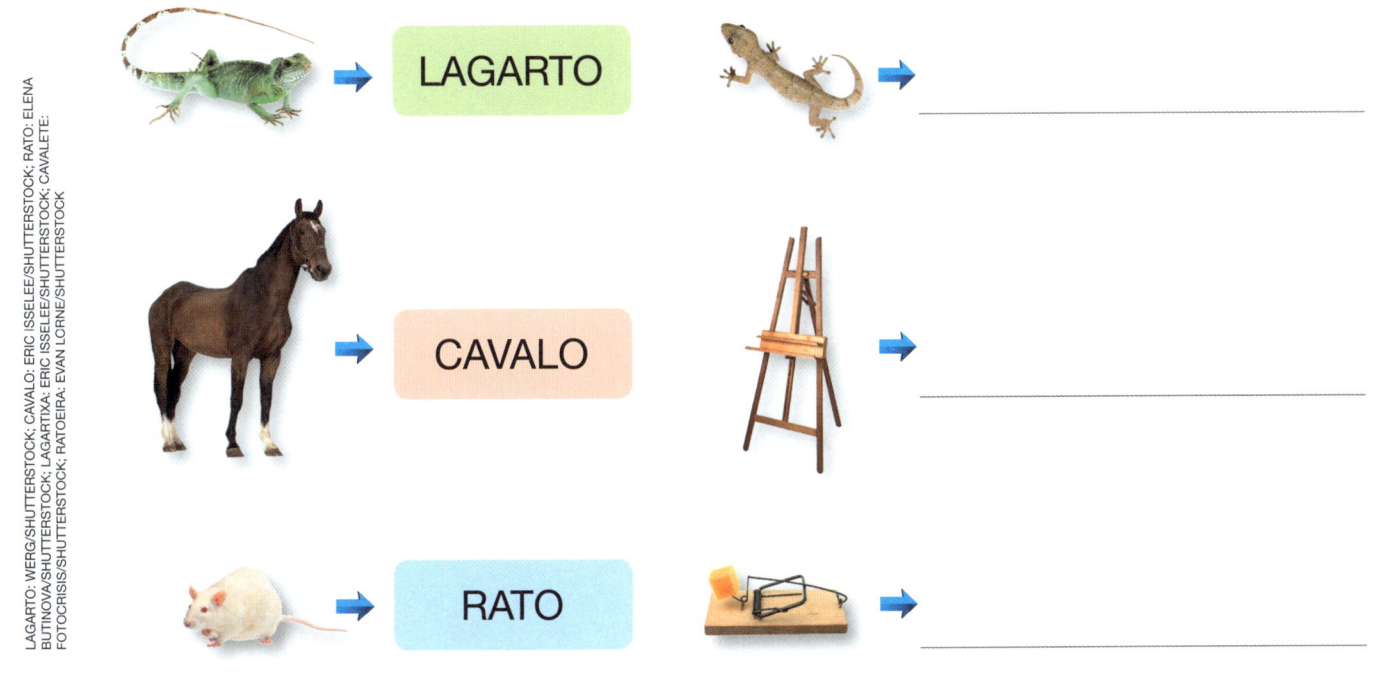

LAGARTO → _____

CAVALO → _____

RATO → _____

167

BRINCAR E APRENDER

STOP

- CONVIDE QUATRO COLEGAS PARA JOGAR.
- SORTEIEM UMA LETRA.
- ESCREVA EM CADA COLUNA PALAVRAS QUE SEJAM NOMES DE PESSOA, DE ANIMAL E DE FRUTA. OS NOMES DEVEM COMEÇAR COM A LETRA SORTEADA.
- AQUELE QUE ACABAR PRIMEIRO FALA "STOP!".
- PALAVRAS IGUAIS ÀS DOS COLEGAS VALEM 5 PONTOS. PALAVRAS DIFERENTES VALEM 10 PONTOS.
- SOME OS PONTOS E ANOTE-OS NA ÚLTIMA COLUNA.
- QUEM CONSEGUIR MAIS PONTOS GANHA O JOGO.

PESSOA	ANIMAL	FRUTA	PONTOS